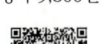

발행일 2023년 12월 1일
지은이 박상선/펴낸곳 그길
출판사 신고번호 제2012-000083호/신고일자 2012년 8월 27일
사업자 등록번호 446-62-00015/개업일자 2015년 3월 4일
팩스 031-8057-6908/이메일 odawoki@gmail.com
Copyright © 2020 by Park Sangsun/All rights reserved
ISBN 979-11-91789-30-0
정가 9,800원

그길을 걸었다

- 3   인트로
- 20 시에나 *23.73km* 몬테로니 다르비아
- 27 몬테로니 다르비아 기차로 이동 비테르보
- 32 비테르보 *16.0km* 베트랄라
- 40 베트랄라 *23.5km* 수트리
- 51 수트리 *24,5 km* 캄파냐노 디 로마
- 63 캄파냐노 디 로마 *22,8km* 라 스토르타
- 72 라 스토르타 *19,1km* 로마
- 91 로마 몇 군데

인트로

(나이에 대해) 2023년 올해는 이 몸이 이 세상에 태어난 지 69돌이 되는 해다. 어느 봄날 불현듯 자축의 의미로 다시 한번 산띠아고 순례길을 걸어보자는 생각이 들었다. 원래 이 순례길은 2013년 및 2017년에 다녀왔지만 69돌 자축의 의미를 부여하면서 다시 한번 다녀오려 했다. 다만 그 여정의 마지막이 로마이기에 아예 순례 방향을 틀어 비아 프란치제나의 이탈리아 구간을 걷고자 마음을 바꿨다.

자축이라 자문자답 하였지만 사실 69돌이라는 의미는 인간 생명체의 생존 기록을 들여다 보면 눈에 보이지도 아니할 티끌에 불과하다. 돌이켜 보면 태초에 인간의 수명은 현재와 같지 않았다. 성경 창세기 중 아담의 족보 Pedigree를 들여다 보면 그 직계의 향년享年이 기록되어 있다. 아담Adam 930 → 셋Seth 912 → 에노스Enosh 905 → 게난Kenan 910 → 마할랄렐Mahalalel 895 → 야렛Jared 962 → 에녹Enoch 365 → 므두셀라Methuselah 969 → 라멕Lamech 777 → 노아Noah 950

아담은 930세를 살았다. 노아는 950세를 살았다. 그런데 지금의 인간들은 100세를 넘겨 사는 게 흰쌀에 뉘 격이다. 1000세를 넘겨 살고 죽은 인간 생명체들이 있었는지는 잘 모르겠다. 태초에 비해 왜 이리 수명이 짧아 진 것인가. 인간 생명체들이 살아 생전 죄악을 저지르고 있기에 그 수명을 줄여 버린 것은 아닌지. 죽음은 어쩌면 창조주가 인간에게 내린 최고의 은혜이다. 생각해 보라. 악마같은 인간이 죽지 않고 불로장생하며 갖은 악행을 저지른다면 이 세상이 과연 살만한 세상이겠는가. 창조주 하나님이 노아의 방주를 통해 인간과 그외 생명체를 다 쓸어 버렸다. 죄악에 물든 인간이란 생명체를 멸종시키고 다른 생명체로 대체 창조할 수도 있을 것이다.

(비아 프란치제나 Via Francigena) 공식 홈페이지 www.viefrancigene.org를 방문하여 소개된 여정길 Itinerary을 들여다 보았다. 참으로 환상

적이고 감동적인 파노라마가 펼쳐지고 있다. 비아 프란치제나는 영국의 캔터베리에서 프랑스와 스위스를 거치고 로마를 거쳐 이탈리아의 풀리아까지 3,000여 km 이어지는 고대의 도로이자 순례길이다. 이탈리아에서는 프랑스에서 오는 길*Via Francigena* 또는 프랑스에서 오는 로마로 가는 길*Via Romea Francigena*로 알려졌다. 성좌와 사도 베드로와 사도 바오로의 무덤을 방문하고자 하는 사람들에게 중요한 길이 되어왔다.

비아 프란치제나 여정길*Itinery*

4국 150구간 *3,191.5km*

잉글랜드 2구간 *31.0km*
01 Canterbury *17.1km* Shepherdswell
02 Shepherdswell *13.9km* Dover

프랑스 47구간 *997.1km*
01 Calais *20.3km* Wissant
02 Wissant *26.6km* Guînes
03 Guînes *16.5km* Licques

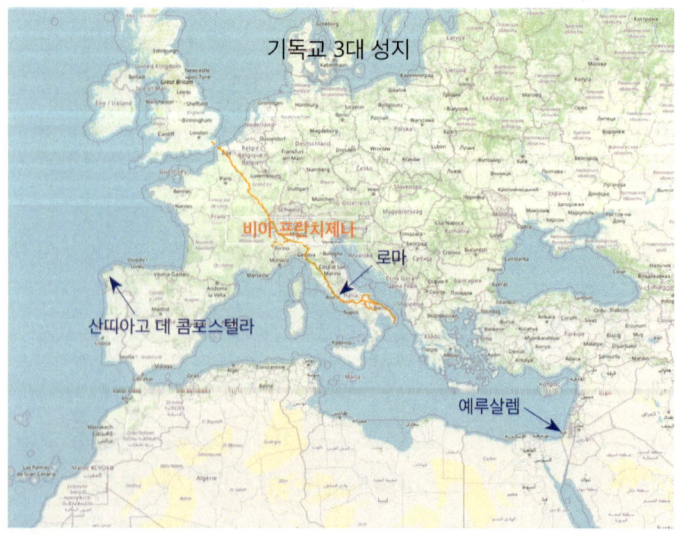

04 Licques *15.0km* Tournehem-sur-la-Hem
05 Tournehem-sur-la-Hem *19.6km* Wisques
06 Wisques *22.6km* Thérouanne
07 Thérouanne *19.4km* Amettes
08 Amettes *22.0km* Bruay-la-Buissière
09 Bruay-la-Buissière *24.4km* Ablain-Saint-Nazaire
10 Ablain-Saint-Nazaire *21.3km* Arras
11 Arras *26.8km* Bapaume
12 Bapaume *31.2km* Péronne
13 Péronne *17.5km* Trefcon
14 Trefcon *25.6km* Seraucourt-le-Grand
15 Seraucourt-le-Grand *19.5km* Tergnier
16 Tergnier *38.7km* Laon
17 Laon *30.2km* Corbeny
18 Corbeny *12.1km* Berry-au-Bac
19 Berry-au-Bac *27.6km* Reims
20 Reims *19.8km* Verzy
21 Verzy *21.0km* Condé-sur-Marne
22 Condé-sur-Marne *18.6km* Châlons-en-Champagne
23 Châlons-en-Champagne *13.7km* Saint-Germain-la-Ville
24 Saint-Germain-la-Ville *17.6km* Saint-Amand-sur-Fion
25 Saint-Amand-sur-Fion *14.4km* Vitry-le-François
26 Vitry-le-François *20.5km* Saint-Rémy-en-Bouzemont
27 Saint-Rémy-en-Bouzemont *12.0km* Outines
28 Outines *17.6km* Montmorency-Beaufort
29 Montmorency-Beaufort *22.0km* Précy-Saint-Martin
30 Précy-Saint-Martin *13.5km* Dienville
31 Dienville *20.3km* Dolancourt
32 Dolancourt *18.8km* Baroville
33 Baroville *26.7km* Orges
34 Orges *18.3km* Richebourg
35 Richebourg *21.3km* Faverolles
36 Faverolles *22.7km* Langres
37 Langres *23.3km* Culmont-Chalindrey
38 Culmont-Chalindrey *24.6km* Coublanc
39 Coublanc *11.8km* Champlitte
40 Champlitte *18.6km* Dampierre-sur-Salon
41 Dampierre-sur-Salon *33.9km* Bucey-lès-Gy
42 Bucey-lès-Gy *14.2km* Cussey-sur-l'Ognon

43 Cussey-sur-l'Ognon *17.7km* Besançon (Pont Battant)
44 Besançon *26.0km* Foucherans
45 Foucherans *25.2km* Mouthier-Haute-Pierre
46 Mouthier-Haute-Pierre *23.8km* Pontarlier
47 Pontarlier *22.3km* Jougne voie historique

스위스 11구간 *215.9km*
01 Pontarlier *22.3km* Jougne
02 Jougne *18.6km* Orbe
03 Orbe *25.5km* Cossonay
04 Cossonay *25.4km* Lausanne
05 Lausanne *21.7km* Vevey
06 Vevey *25.3km* Aigle
07 Aigle *17.7km* Saint-Maurice
08 Saint-Maurice *16.7km* Martigny
09 Martigny *16.9km* Orsières
10 Orsières *14.3km* Bourg-Saint-Pierre
11 Bourg-St-Pierre *11.5km* Col du Gd-St-Bernard

이탈리아 45구간(로마까지) *1,013.3km*
01 그란산베르나르도Gran S. Bernardo *14.9km* 에헤벤노즈Echevennoz
02 에헤벤노즈Echevennoz *13.9km* 아오스타Aosta
03 아오스타Aosta *27.7km* 샤티용Chatillon
04 샤티용Chatillon *19.2km* 베레스Verrès
05 베레스Verrès *14.8km* 퐁생마르틴Pont St. Martin
06 퐁생마르틴Pont St. Martin *21.5km* 이브레아Ivrea
07 이브레아Ivrea *20.2km* 비베로네Viverone
08 비베로네Viverone *16.7km* 산티아Santhià
09 산티아Santhià *29.2km* 베르첼리Vercelli
10 베르첼리Vercelli *18.6km* 로비오Robbio
11 로비오Robbio *14.2km* 모르타라Mortara
12 모르타라Mortara *20.7km* 가르라스코Garlasco
13 가르라스코Garlasco *24.6km* 파비아Pavia
14 파비아Pavia *27.9km* 산타크리스티니Santa Cristina
15 산타크리스티니Santa Cristina *16.1km* 오리오리타Orio Litta
16 오리오리타Orio Litta *22.7km* 피아첸차Piacenza
17 피아첸차Piacenza *31.7km* 피오렌주올라Fiorenzuola
18 피오렌주올라Fiorenzuola *22.4km* 피덴자Fidenza
19 피덴자Fidenza *34.0km* 포르노보Fornovo

20 포르노보Fornovo *20.9km* 카시오Cassio
21 카시오Cassio *19.2km* 파소델라치사Passo della Cisa
22 파소델라치사Passo della Cisa *19.3km* 폰트레몰리Pontremoli
23 폰트레몰리Pontremoli *32.2km* 아울라Aulla
24 아울라Aulla *17.4km* 사르자나Sarzana
25 사르자나Sarzana *28.6km* 마사Massa
26 마사Massa *25.9km* 카마이오레Camaiore
27 카마이오레Camaiore *26.1km* 루카Lucca
28 루카Lucca *18.5km* 알토파시오Altopascio
29 알토파시오Altopascio *29.0km* 산미니아토San Miniato
30 산미니아토San Miniato *23.9km* 감바씨테르메Gambassi Terme
31 감바씨테르메Gambassi Terme *13.4km* 산지미냐노San Gimignano
32 산지미냐노San Gimignano *30.5km* 몬테리지오니Monteriggioni
33 몬테리지오니Monteriggioni *20.6km* 시에나Siena
34 시에나Siena *25.7km* 폰테다르비아Ponte d'Arbia
35 폰테다르비아Ponte d'Arbia *26.2km* 산퀴리코San Quirico
36 산퀴리코San Quirico *32.5km* 라디코파니Radicofani
37 라디코파니Radicofani *23.6km* 아쿠아펜덴테Acquapendente
38 아쿠아펜덴테Acquapendente *22.8km* 볼세나Bolsena
39 볼세나Bolsena *16.5km* 몬테피아스코네Montefiascone
40 몬테피아스코네Montefiascone *17.6km* 비테르보Viterbo
41 비테르보Viterbo *21.9km* 베트랄라Vetralla
42 베트랄라Vetralla *23.9km* 수트리Sutri
43 수트리Sutri *23.8km* 캄파냐노디로마Campagnano di Roma
44 캄파냐노디로마Campagnano di Rom *22.9km* 라스토르타La Storta
45 라스토르타La Storta *19.4km* 로마Roma

이탈리아 45구간(산타 마리아 디 루카까지) *934.5km*

01 Roma *26.1km* Castel Gandolfo
02 Castel Gandolfo *21.3km* Velletri
03 Velletri *20.4km* Cori
04 Cori *20.1km* Sermoneta
05 Sermoneta *10.9km* Sezze
06 Sezze *20.9km* Priverno-Abbazia di Fossanova
07 Abbazia di Fossanova *20.6km* Terracina
08 Terracina *22.0km* Fondi
09 Fondi *15.0km* Itri
10 Itri *21.0km* Formia
11 Formia *19.8km* Minturno

12 Minturno *24.2km* Sessa Aurunca
13 Sessa Aurunca *15.4km* Teano
14 Teano *24.6km* Statigliano
15 Statigliano *17.2km* Alife
16 Alife *19.3km* Faicchio
17 Faicchio *19.3km* Telese Terme
18 Telese Terme *19.3km* Vitulano
19 Vitulano *17.2km* Benevento
20 Benevento *23.3km* Buonalbergo
21 Buonalbergo *29.0km* Celle San Vito
22 Celle San Vito *17.1km* Troia
23 Troia *23.7km* Castelluccio dei Sauri
24 Castelluccio dei Sauri *19.9km* Ordona
25 Ordona *20.3km* Stornara
26 Stornara *17.9km* Cerignola
27 Cerignola *19.2km* Canosa
28 Canosa *24.1km* Andria
29 Andria *13.9km* Corato
30 Corato *12.2km* Ruvo di Puglia
31 Ruvo di Puglia *18.4km* Bitonto
32 Bitonto *21.6km* Bari
33 Bari *21.6km* Mola di Bari
34 Mola di Bari *29.1km* Monopoli
35 Monopoli *21.4km* Savelletri
36 Savelletri *8.9km* Torre Canne
37 Torre Canne *30.0km* Torre Santa Sabina
38 Torre Santa Sabina *31.0km* Brindisi
39 Brindisi *25.2km* Torchiarolo
40 Torchiarolo *22.5km* Lecce
41 Lecce *30.9km* Martano
42 Martano *30.5km* Otranto
43 Otranto *23.8km* Vignacastrisi
44 Vignacastrisi *14.3km* Tricase
45 Tricase *18.0km* Leuca

(준비) 가이드 책 이탈리아어판 영문판 3권 및 순례자 여권*(N° 72752)*을 직구하였다. 이탈리아 구간 여정길 들머리인 그란산

베르나르도Gran S. Bernardo까지 이동하는 것이 매우 신경이 쓰인다. 인천공항에서 하늘길을 날라 제네바공항에 도착한 후 곧바로 기차로 3시간여 거리를 2회 환승하고 다시 버스TMR SA로 갈아 타서 샴페락Champex-Lac 및 라풀리La Fouly를 거쳐 몽블랑의 작은 언덕에 자리한 그란산베르나르도에 도착하여야 한다. 버스는 여름철(6~9월)에만 운행한다. 이곳은 이탈리아로 향하는 관문이며 전설적인 그란산베르나르도의 호스피스Hospice가 있는 곳이며 바로 여기에 투숙하여 순례 여정의 출발점으로 삼아야 한다. 국내 열차 SRT와 KTX간 환승을 처음 할 때 플랫폼platform을 헷갈렸었는데 수회를 바꿔 타며 베르나르도 들머리까지 잘 찾아갈까 조금은 걱정이 된다. 장기간 집을 떠나 객지를 떠돌 때는 갖고 갈 짐과 먹고 자는 문제가 가장 큰일이다. 집을 떠나 다시 집에 도착하는 기간이 49~50일 정도 될 예정이다. 일과표를 정했다. 6시 기상. 7시 아침 식사. 8시 출발. 12시 점심 및 휴식. 13시 출발. 17시 도착. 18시 장보기 및 저녁 식사. 20시 오늘 일과 기록 및 영상물 유튜브 업로드. 22시 취침. 갖고 갈 짐은 6~7㎏미만으로 줄인다. 트레킹 순례 루트가 비박bivouac을 하지 않아도 되기에 비박 장비의 무게를 고려하지 않아도 된다. 먹는 것은 죄다 매식을 해야 할 것 같다. 매일 점심은 그 전날이나 당일 아침 식사시 도시락 주문으로 해야 할 것 같다. 산띠아고길은 대부분의 알베르게가 순례자용 주방 시설을 갖추고 있기에 아침 저녁 식사 및 점심 도시락을 본인이 직접 조리 및 준비할 수 있었다. 비아프란치제나길은 본인의 직접 조리가 가능한지 잘 모르겠다. 숙소 인근에 슈퍼마켓이 있어야 시장 보기도 가능할 것이다. 숙소는 전 루트에 걸쳐 순례자 전용 숙소가 일반 여행자 숙소와 구분하여 마련되어 있으나 반드시 미리 예약을 하는 것이 필수 사항이라고 가이드에서는 강조하고 있다. 또한 오지 벽지 마을 숙소는 전화로 예약하라고 안내되어 있다. 출국시 핸드폰의 한국 유심을 유럽 유심으로 교체하고 이 기간 동안 영국 전화 번호를 사용할 예정이나 부디 의사 소통이 원할하기를 기대한다. 나중에 알게 되었지만 가이드 및 홈페이지의 숙박 정보는 참 실망스러웠다. 변경된 정보가 즉각 업데이트되고 있는 것 같지가 않았다.

(결정 변경 또 변경 잠정 확정) 이탈리아 구간을 완주함을 목표로 하고 69돌이 되는 날짜에 도보 순례 첫걸음을 내딛는다는 의미를 부여하면서 이 일정에 맞게 4월 18일 미리 미리 출국(*Air France ICN 1,433,300KRW GVA*) 및 귀국(*Korean Air FCO 279.75€ ICN*)항공편을 예약했다. 제네바 공항 도착후 이동할 열차 및 버스 예매는 출국 직전에 하고 이동 중간에 1박 할 숙소 예약도 출국 직전에 한다. 베르나도 숙소*Hospice*는 홈페이지에 접속하여 항공편 예약 직후 1인실로 예약 완료하였다. 보험, 환전 등도 출국 직전에 한다. 가져가야 할 물품도 6~7kg 이하로 출국 1주일전 점검 완료한다. 상시 복용약, 예비 처방약, 하이킹 비상약 등도 출국 1주일전 점검 완료한다. 이같은 계획 하에 출발 한 달여를 앞두고 카운트 다운을 시작하였다.

조용하고 겸손하게 준비해 나가려 했으나 마음 처럼 그리 되지 아니했다. 게다가 혹시나 했던 변수도 함께 발생했다. 여정 일정을 물리적으로 변경할 수 밖에 없었다. 그래서 아쉽게도 45개 구간 일정을 15개 구간 일정으로 대폭 변경하였다. 속상하기도 하고 긴 여정에 대한 부담감이 줄어 홀가분하기도 했다. 구간 일정에 출국 및 귀국 등 왕복 항공편 일정을 추가하면 각각 2~3일씩 추가 된다. 즉 45개 구간은 50일 정도 15개 구간은 20일이 된다는 이야기다. 곧바로 6월 12일에 출국(*Air France 추가 105,788KRW*) 및 귀국(*Korean Air 추가 279.75€*) 항공편 일자도 수수료를 부담하고 변경하였다. 베르나도 대피소*Hospice*도 곧바로 변경 예약을 하였다. 친절한 확인 답변 메일이 왔다. 변경 처리 되었으니 걱정말고 준비를 잘하라고. 하나님의 은총을 축원하는 문구를 덧붙여서. 에어 프랑스 항공사 도우미가 스마트폰으로 예약을 하지 말고 유선을 통해 항공편 예약을 하면 나중에 항공편 일정 변경시 여러 가지로 편하다고 했는데 변경 사유가 발생하여 실제 해보니 이말대로 유선으로 예약하길 참 잘했다. 그냥 앱에서 간단히 쉽게 처리하려 했는데 자꾸 막힌다. 특히 신용카드 결제가 블럭 상태로 표시되어 요것 처리하는 것도 여간 피곤한 일이 아니다. 대한항공은 일정변경 과정이 매우 불편하였다. 일정 변경시 예상되는 추가 수수료를 문의했더니 2~3일 후에 이메일로 보내주겠단다. 엔터 탁 치면 자동으로 계산되게 할 수는 없나.

   항공편 변경에 따라 다시 출국 카운트 다운을 시작했다. 그런데 이걸 어쩌나. 또다시 부득이 하게 변경 사유가 발생하여 15개 구간 일정을 12개 구간 일정으로 변경하였다. 일정이 자꾸 쪼그라들어 로마로 가까워지기에 굳이 제네바 공항으로 도착할 필요가 없어졌다. 도착 공항을 로마 피우미치노 공항으로 변경하고 환불액(차액 $16,800KRW$)이 발생하여 되돌려 받았다. 귀국 항공편은 변경할까 말까하다 일단 그대로 추진하는 것으로 정했다. 본의 아니게 자의반 타의반 당초 계획은 영 딴판이 되어버렸다. 베르나도 숙소는 갈 일이 없기에 예약을 전면 취소하였다. 참 친절한 메일을 매번 보냈었는데 미안한 마음이 들었다.

(출발) 2023년 8월 5일 토요일 나는 배낭 하나 둘러 메고 집을 나섰다. 아내의 배웅 받으며 그렇게 집을 나섰다. 공항까지 배웅하러 따라 나서려는 것을 말렸다. 항상 함께 하기로 하였건만 그대는 정작 오늘 이처럼 나홀로 먼길을 나서는가. 그대는 지금 어디로 가는가. 왜 가는가. 무엇을 얻고자 함인가. 무엇을 깨닫고자 함인가. 이런 물음이 귀전에서 울린다. 뭐 거창한 것 있나요. 그냥 걷기가 좋아서 가는 겁니다. 걸을 수 있을 때 걸어야지요. 걷다보면 뭔가를 느끼겠지요. 그렇게 자답하면서 그렇게 집을 나섰다. 걷는 것이라면 우리나

라도 참으로 걷기 좋은 길은 많다. 장기간 연속해서 걷는 경우 현지 숙박급식이 불편하다. 대간길의 경우 들머리 날머리에서 숙박급식 장소로 이동하고 복귀하고 이어가기 하는 여정이 본 여정보다 시간적 거리적으로 더 걸린다. 산띠아고길은 가다가 멈추면 바로 그 자리에서 숙박급식을 해결할 수 있다. 비아길도 그러리라 생각한다. 왜냐하면 이들 순례길들이 산길 숲길 드넓은 평원들이 많지만 출발 지점과 도착 지점들이 항상 주택 상가 지역으로 구간 정리를 해놓은 것 같다. 우리네 대간길을 그렇게 조성할 수는 없는 일. 게다가 우리네는 산중 비박이 엄격히 금지되어 있기에 연일 주행을 이어나가야 할 경우 들머리 날머리에서 급식 등 후방 지원이 이루어져야 며칠간의 연속 주행이 가능할 것이다. 그래서 비박에 익숙치 아니한 트레커족들이 장기간 연속 보행 여정을 하고자 하는 경우 이곳 순례길들을 선호하게 되는 듯하다. 도보를 특히 나홀로 하고자 하는 경우는 더더욱 그런 것 같다.

    인천공항에 도착하여 체크인 데스크를 방문하여 기내 반입이 되는 소형 배낭이지만 반입 가능 여부를 재확인하였다. 아직 업무 전이라 데스크 앞은 텅비어 있었다. 마침 준비 중인 직원이 이상 없으니 탑승하라 안내한다. 일단 탑승권 체크인 및 귀국편 확인을 마쳤다. 위층으로 올라가 간단한 것 (9,800원)으로 이른 저녁을 하였다. 검색대 심문을 마치고 출국장으로 입장하였다. 자동 검색대에서 지문 인식이 또 안된

배낭무게 6,220g

다. 전부터 공항에서고 동사무소에서고 계속 지문 인식이 안 되고 있던 차에 여권을 갱신하면서 어찌된 일이냐 물었더니 동사무소에 가서 지문 갱신을 하면 그것이 경찰로 보내지는데 그후로는 이런 일 없을 것이다라고 안내한다. 그래요. 전에 동사무소에서 다른 일로 지문 인식이 안되어 신분 확인 한답시고 기분 나쁘게 이것 저것 캐물으면서도 지문 갱신 안내를 하지 않았었다. 지문 인식기가 인식을 못하는 것 같다나 어쨌다나. 보통 노트북도 내 지문 인식으로 열리는데 수억원을 들여 설치했을 행정 장비가 노트북보다 못하다니. 그후 다시 실제 동사무소에 가서 지문 갱신하겠다고 하자 담당 직원은 멍하더니 그런 제도 없단다. 여권과에서 어쩌구 저쩌구 했다고 하니 그제사 잠깐 기다리라고 하더니 매뉴얼을 펼쳐보고 옆 직원에게 물어보는 등 부산을 떤다. 잠시 더 기다리란다. 어딘가 전화를 하더니 좀더 확인해야 한다며 집에 가 있으면 연락을 주겠단다. 젠장. 집에 왔는데 문자가 왔다. 죄송합니다. 편한 시간에 오셔서 지문 갱신하세요. 그냥 지문 갱신을 포기해 버렸다. 그러니까 내 지문 기록이 경찰에 등록된지 50년 이상이 되어서 신삥을 좋아하는 기기가 구닥다리 지문을 인식하지 못한다는 건가. 막말로 내가 어디가서 객사하라도 하면 지문으로 인식을 못하니 국과수 신세를 져야 한다는 결론 아닌가.

설사기가 더 심해질까 싶어 지사제를 한 통(4,500원) 더 샀다. 따뜻한 아메리카노 한잔 해야 겠구나 생각하는데 약사가 카페인은 설사를 더 촉진시키니 당분간 커피를 삼가라며 주의를 준다. 그래요 집에서 출발하기 전에도 몇 잔을 했었는데 일러주셔서 감사합니다.

에어프랑스편 22:50 인천공항*ICN*을 출발 6일 05:20 암스테르담*AMS*에 도착 1시간 55분 대기후 07:15 환승하여 09:30 로마 피우미치노 공항*FCO*에 도착하였다. 암스테르담 공항은 비가 추적대고 있었다. 날씨가 썰렁하다. 환승 게이트로 몰려

드는 젊은이들이 두터운 잠바를 많이들 입고 있다. 암스테르담 공항 착륙과 동시에 서브폰으로 사용중인 아이폰에 유럽 유심을 장착하였다. 인터넷이 빵빵하게 잘 터진다. 본폰으로 사용 중인 갤럭시는 국내 번호를 그대로 사용하고 해외 데이터 로밍만 차단하였다. 조용한 좌중에 개가 멍멍 짖는다. 심심하던 차에 모두가 집중한다. 아마 비행기에 탑승하기 위해 대기중인 모양인데 개가 바라보는 방향에서 일행인 듯 개소리를 듣자 손을 흔들며 다가 간다. 먼저 와 있는 일행들이 어디 앉아 있는지 찾느라 두리번 거리는 것을 보고 개가 여기다고 짖은 것 같다. 일행들이 모이자 개는 다소곳이 주인 앞에 언제 짖었냐는 듯 조용히 앉아 있다. 사람들이 개를 가리키며 뭐라고 하면서 웃는다. 참 똘똘하네. 체류하는 동안 명견을 많이 만나게 되는데 이 곳에 명견이 많은 것은 개 자체가 참으로 많기 때문이기도 한 것 같다. 개 데리고 산책하는 모습들이 자주 눈에 띄었다.

비행기는 정시에 로마 공항에 도착했다. 짐 찾을 일이 없기에 곧바로 공항 기차역으로 향했다. 기차표는 한국 출발 2일전에 인터넷_{https://italiatren.com/}으로 예약(€74.20)을 하였다. 기차 여정은 11:23 로마 공항역을 출발하여 로마테르미니_{Roma Termini}역 및 피렌체산타마리아노벨라_{Firenze S.M. Novella}역에서의 2회 환승하여 15:37 시에나_{Siena}역에 도착하는 것으로 되어있다. e티켓을 이메일로 받았다. 2회 환승이라 자칫 헷갈릴라. 잘하자. 기내 반입이 가능한 정도로 짐을 확 줄여 짐 찾는 시간을 절약한 것은 혹 모르는 알바 시간에 대비하기 위해서였다. 잠시 알바를 해도 기차시간 만큼은 놓치지 않도록 하기 위해. 그래서 집 출발 직전 쌍스틱 및 옷가지 몇점을 배낭에서 덜어냈다. 장기간 장시간 트레킹시 쌍스틱을 제외하기는 이번이 처음이다. 사람들 흐름에 따라 걸었다. 검색대 통과 준비를 하면서. 그런데 검색대가 없고 그냥 출국장으로 빠져나왔다. 기차역 표지판이 빼꼼이 보인다. 어서 이쪽을 통과해서 가란다. 아하 암스테르담 공항에서 환승게이트 가는 중 검색대에서 그냥 도장 쾅하고 통과시켰었는데 그것으로 다 된 모양이다.

드디어 그리 유명하다는 로마테르미니Roma Termini역에 도착하였다. 좋은 쪽으로나 나쁜 쪽으로나 유명하다 들었다. 어찌 됐든 환승할 열차 시간까지 널널하게 남았다. 앞서 움직이는 자들의 여유 아니겠는가. 왁자지껄 북적이는 역사에서 점심(€7.60)을 먹고 따듯한 차도 한 잔 하고 주전부리 거리(€6.70)도 좀 사고 화장실도 가고(€1.00) 남은 시간에는 대합실 이쪽에서 저쪽까지 왕복하며 온갖 사람들을 구경하며 열차 출발 시간을 기다렸다.

플랫폼이 우리네와 다르다. 대합실 앞이 바로 열차의 종점이자 출발 및 도착 지점이다. 열차 머리가 딱 대합실 출입구 보도 앞에 멈춘다. 플랫폼의 넘버링이 20~30개는 되는 것 같다. 아니 저쪽 귀퉁이 안보이는데로 더 있을라나. 우리네 고속도로 초창기 시절에 시골 사람들이 초행길에 서울 톨게이트에 도착하여 요금소 차량 통과 게이트가 한눈으로는 잡히지 않게 십수개가 쫙 도열해 있는 모습을 보고 기가 죽었다는 이야기를 들은 바 있는데 이곳 모습이 꼭 그짝이다. 그 많은 플랫폼에 열차 머리가 줄 맞추어 한 줄로 쫙 도열해 있는 모습이 참으로 장관이다. 몇 년 전 스페인에서 본 바 있지만 이곳에서 또 보는구나. 참 대단하다. 우리 열차는 정시에 출발하여 환승역인 피렌체산타마리아노벨라역에 정시에 도착했다. 이곳 플랫폼도 대합실과 막다르게 되어 있다. 탑승 플랫폼으로 이동하여 시에나Siena행 열차로 환승하였다. 우리 열차는 시에나역에 거의 정시에 도착했다. 이 역은 막다른 종점이 아니고 통과역으로 되어 있다.

역사를 빠져 나왔다. 일단 비아길 들머리 출발점인 캄포광장Piazza del Campo으로 이동을 하여야 한다. 택시 및 버스 정류장이 있다. 택시 승강장에는 방금 열차에서 내린 사람들이 줄을 서서 대기중이다. 버스 정류장에 노선안내도가 있기에 들여다 보니 알파벳 글씨가 좁쌀보다도 더 작다. 내용을 차치하고 도저히 알파벳 가독이 안된다. 내 눈이 나쁜 건가. 이곳 사람들은 눈들이 되게 좋은 모양이다. 광장까지 한번 걸어서 갈까 하며 구글 지도를 열고 잠깐 역사 광장 밖으로 나가 보도를 걸어 보았다. 도저히 엄두가 안난다. 괜히 지금부터 씩씩해야 할 필요는 없지 않은가. 걷는 걸 포기하고 택시 승강장으로 이동하였다. 줄은 없어지고 4인 일행이 방금 도착한 택시에 탑승하여 출발했다. 곧바로 빈 택시가 들어온다. 기사에게 '피아자 델 깜포'라고 말하자 탑승하란다. 택시 기사는 아무말 없이 묵묵히 도로를 달려 캄포 광장 안길 도로에 정차한다. 메타기에 요금이 10유로 이상 표시 되었다. 잔돈이 없는 관계로 10유로 지폐 두 장을 내밀자 한장(€10)만 받는다. 일설에 의하면 기사들이 바가지 요금을 요구한다더니만 이 기사는 택시 요금을 깎아준다.

   캄포 광장으로 들어섰다. 잠시 머물었다. 식당의 노상 식탁들이 사람들로 꽉 차있다. 일단 숙소를 잡아야 하기에 협회가 제공한 순례자 숙소리스트를 펼치고 직접 찾기로 하였다. 수녀원*Accoglienza Santa Luisa*을 찾았다. 문 닫힌 창문으로 노수녀께서 내다보더니 내가 두손을 모으고 뺨에 대면서 자는 모습을 지어 보이자 배낭 멘 모습을 훑어 보더니 고개를 흔든다. 운영을 안 한단다. 발길을 돌려 이번에는 시에나 대성당 앞에 있는 순례자 숙소*Foresteria San Clemente al Servi*를 찾았으나 문짝에 폐쇄 안내문이 붙어 있다. 헌데 건물 벽면에는 멋지게 만든 숙소 안내 펼침막이 그대로 방치된 채 있다. 게으른건가 옛것을 버리지 않겠다는 고지식인건가. 참 실망이다. 아예 홈페이지에서 순례자 숙소 리스트를 내려 놓던지. 아직 소개되고 있는 순례자 숙소가 몇 곳 더 있다. 허나 두 순례자 숙소가 이럴진대 나머지라고 별다를까 싶어 순례자 숙소 찾는 것은 포기하였다. 스마트폰에서 숙소 예약앱을 열어 한 숙소*Casa di Osio*

캄포 광장의 차인벨 종탑(시에나 청사)

를 예약(€77.44)한 후 찾아 나섰다. 광장 안길 골목길을 한참 더듬거리다 드디어 66번지 건물 문앞에 섰다. 이 나라의 간판은 대문짝만한 우리네의 간판과 달리 작아도 너무나 작다. 정말이지 눈을 부릅뜨고 찾아야 한다. 숙소 표지가 명함 크기만 하다. 다시 눈을 부릅뜨고 숙소 명칭을 확인하였다. 글자 크기가 콩알보다 더 작다. 문은 굳게 닫혀 있다. 호출 초인종도 안 보인다. 마침 3명의 젊은 여인들 일행이 큰 캐리어를 끌고 나타나 숙소 번지를 확인하고 전화를 한다. 문이 원격으로 열리고 그들과 함께 4층 까지 올라 가서 체크인을 하였다. 키뭉치를 건네 받았다. 키 3개를 이용해야 숙소와 방을 드나들 수 있단다. 배낭을 풀자 마자 숙소 주인장의 안내를 받고 방금 지나쳤던 시에나 대성당으로 순례자 여권에 확인 스탬프를 받으러 갔다. 물론 두 번째 난에 미리 이 숙소 스탬프로 쾅 찍었다. 성당 문은 굳게 닫힌 상태였다. 마침 성당 외벽 뒷쪽에 인포가 있기에 그곳에서 순례자 여권 첫 번째 난에 확인 스탬프를 받았다. 캄포 광장 노상 식탁에 앉아 저녁 식사를 주문했다. 메뉴 고르기가 난해서 옆 식탁 사람이 먹고 있는 피자와 똑 같은 것을 주문(€19.50)했다. 혼자 먹기에 너무

비아 싸인들 - 순례자들의 나침판 역할

크다. 남은 반쪽을 포장하여 숙소로 가져가 내일 아침 끼니로 하기로 하였다. 광장을 찾는 사람들의 숫자가 점점 더 늘어나는 것 같다. 숙소로 돌아 오는 도중 골목길 작은 구멍 가게에서 생수 1.5L들이 2개(€5.00)를 샀다. 숙소에 다 왔으려니 하고 오다가 보니 아까 찾았던 그 수녀원 골목길로 내려온 것이다. 다시 생수 샀던 가게까지 되돌아가 다른 골목길을 걸어 숙소를 향했다. 웬걸 이길도 아니네. 다시 구멍가게로 되돌아가 또 다른 골목을 걸어 숙소를 향했다. 이런 젠장 이 골목도 아니네. 한 손으로는 물병 2개를 안고 한 손으로는 구글 지도를 가동시켜 이 골목 저 골목 한참 헤매다 마치 신대륙을 발견하듯 드디어 숙소 문앞에 당도하였다. 이래가지고서 숲길 산길 등을 통과하는 비아길을 제대로 주파할 수 있으려나. 기도하였다. 부디 내일부터는 이 같은 무지렁이 중생을 올바르게 인도하여 주시옵소서.

  이 숙소는 화장실 및 샤워장이 투숙객 공동사용이다. 몸을 씻고 침대에 누었다. 아내와 통화를 하려다 한국 시간이 여기보다 7시간 앞서기에 한국은 지금 자정을 넘긴 시간이어서 그만 두었다. 침실 창밖으로 보이는 밤 모습 풍광이 인상적이다. 아이폰으로 몇 컷 찍었다. 내일 아침 동튼 후 같은 앵글로 밝은 아침 모습 풍광도 한번 잡아야겠다.

시에나 23.73km 몬테로니 다르비아

2023-08-07 월 청명함 최고27°C 최저13°C 일출06:10

시에나Siena는 이탈리아 중부 토스카나Tuscany주의 도시로, 시에나도의 현도이다. 2022년 현재 인구 53,062명으로 이 지역에서 주민 수 기준으로 12번째로 큰 도시이다. 시에나 역사 지구는 유네스코 세계유산으로 등록되어 있다. 15세기까지 상업과 교통의 중심지로 번성했고, 십자군 원정의 통과점이 되기도 했다. 이웃 도시인 피렌체와의 경쟁에서 밀려 쇠락한 덕분에 중세 그대로의 모습이 잘 보존될 수 있었다. 시청이 있는 캄포 광장Piazza del campo을 중심으로 중세 자치 도시들의 설계를 잘 보여주고 있는 이탈리아의 관광 명소다.

(06:43 출발) 숙소Casa di Osio를 나서 캄포광장으로 이동하였다. 광장은 어제 오후 인파로 북적이던 모습과는 달리 한적한 모습으로 아침을 맞이 하고 있다. 청소차가 바닥 콤푸레샤 믹싱기를 바삐 움직이며 청소를 하고 있다. 부지런한 업소도 아침 식사 손님을 맞이하기 위해 노천 식탁들을 정리정돈 중이다. 어제 이 광장 카페에서 저녁 식사로 주문한 피자 중 먹고 남긴 반절을 패킹하였었는데 아침에 일어나 숙소 주방 전자레인지에 데워 먹었다. 종탑에서 7시를 알리는 차인벨이 울려 퍼진다. 스마트폰 앱에서 오늘 가야할 구간의 GPX 파일(tappa-34-da-siena-ponte darbia)을 열었다. 이탈리아 구간의 45개의 GPX파일은 유럽 평의회Via Francigena Ways(EAVF)로부터 제공받았다. 시에나Siena에서 폰테 다르비아Ponte D'arbia까지 녹색선의 트랙Track이 표시되어 있다. 내위치 표지your position점이 트랙 출발점start에서 점멸하며 대기 중이다. 아직 오가는 사람이 별로 없고 배달 차량들이 바삐 움직이는 한적한 마을 안길을 따라 오늘 주행을 시작하였다. 이정표에 비아싸인이 로마 방향을

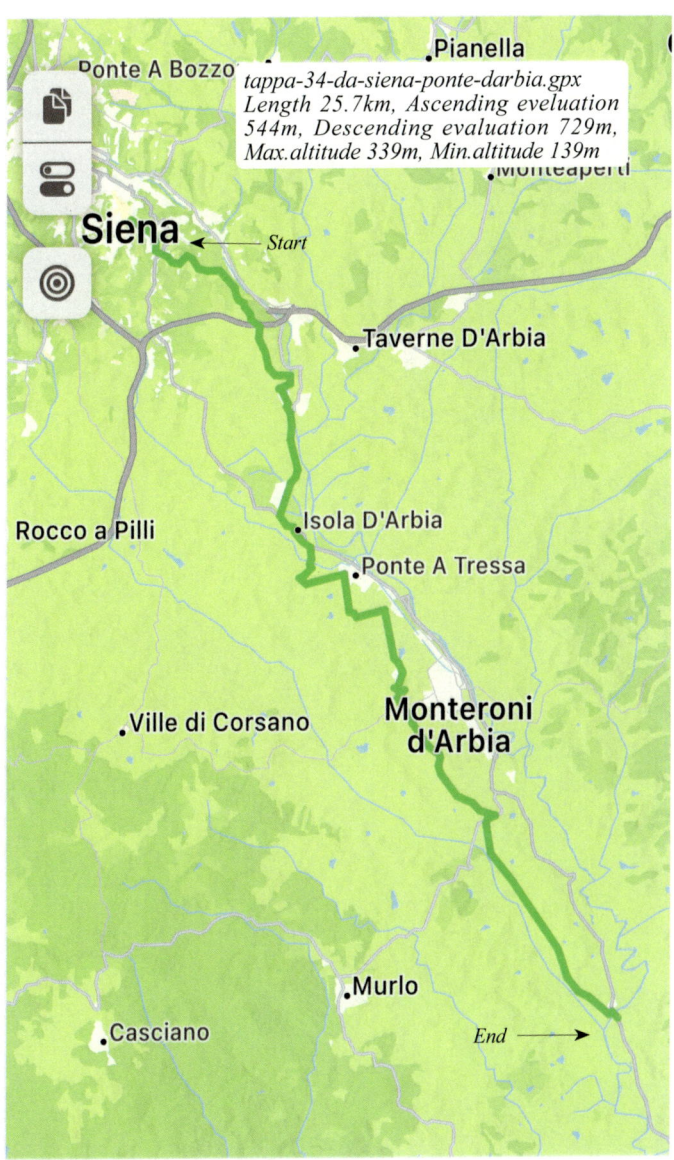

시에나 23.73km 몬테로니 다르비아

시에나 23.73km 몬테로니 다르비아

가리키며 순례길을 인도하고 있다. 주택가 도로를 따라 길은 이어진다. 일반 도로에는 차도 및 보도가 확연히 구분이 안되어 있고 갓길 차선만 그어져 있기에 교행하는 자동차를 주의해야 할 것이다. 언제 나타났는지 커플 순례팀이 추월하여 앞서 나간다. 농지로를 지나는 길목에는 사냥금지 안내판이 있다. 야생 동물이 많이 출몰한다는 이야기 같다. 가끔 어느 구간은 조건을 붙여 사냥할 수 있다는 안내문도 발견된다. 교행하는 자동차들이 거침없이 질주한다. 이럴 때는 잠시 걸음을 멈추고 갓길로 바짝 붙어 서서 질주 차량들이 지나간 연후에 움직이는 것을 안전 보행 철칙으로 삼아야 한다. 그리고 차량을 마주보고 이동해야 앞에서 달려오는 운전자에게 주의를 더 기울이게 할 수 있다. 청명한 날씨이지만 기온이 상승하면서 지열이 느껴진다. 오늘도 한낮의 더위가 만만치 않을 것 같다. 한국의 새만금에서 열리고 있는 세계 스카우트 잼버리 대회가 예기치 못했던 혹서로 인해 중단한다는 소식이 전해졌다.

(09:50 점심) 이솔라 다르비아*Isola d'Arbia* 산업 단지 중앙로에 진입하였다. 노변 식당*bar*에서 고기를 얇게 썰어 넣은 샌드위치(5.8€)로 이른 점심을 하였다. 식료품 배달 탑차량이 마을 업소들을 차례차례 들리면서 배달을 하고 있다. 그늘에 앉아 있었더니 이 더위에도 약간의 한기가 느껴졌다. 식당 데스크에서 텀블러 통에 뜨거운 물을 좀 담아 달라고 부탁을 하였다. 식당을 나서서 잠시 가면 지방도로*SP136*와 마주치는 원형 교차로*Roundabout*가 나타나고 횡단 보도를 건너면 비아 프란치제나의 토스카나*Tuscan* 루트 중 가장 매력적인 곳인 크레테 세네시*Crete Senesi*(회색의 진흙 같은 토양)를 가로지르는 환상적인 고개로 이어지게 된다. 눈앞으로 조망되는 언덕 능선이 지평선 위를 물결치며 휘감듯 흘러가고 있다. 걸어가며 즉석에서 60초짜리 Short 영상을 찍어 유튜브*(https://youtube.com/shorts/*

mIKDcgL5VL4)에 올렸다. 하루 걷기를 마치면 곧바로 영상을 제작하여 당일 유튜브에 올리려고 한다. 그래서 걷는 중 곧바로 영상 제작툴*iMovie*로 동영상 및 사진을 찍었다. 고갯마루에 물로 가득 채워진 수거가 있다. 어디서 물을 날라 왔을 리 없으니 이 물들은 빗물들이 모인 것이리라. 인간들이 오랜 시절을 살아온 지역은 자연의 혜택이 특히 수량이 풍부했던 지역들이다. 지구촌 곳곳이 수원이 말라버리고 연중 강수량도 거의 없어 사람이고 동식물이고 고통을 받고 있다. 그러니 이곳은 많은 세월 동안 그 크신 은혜를 받아온 참으로 복 받은 땅인 것이다.

(11:25 언덕*Via del Poggio* 진입) 광활한 밀밭 사이로 뻗어나간 길은 시위를 떠난 화살이 만든 궤적과도 같이 사람을 압도하고 있다. 참으로 장관이다. 검투사*Gladiator* 영화에 나오는 그 장소 그 장면 같다. 아니 그 장소가 분명하다. 이 넓은 초원에 한 폭의 그림 같은 가옥이 나홀로 덩그렇게 우아하게 앉아 있다. 터벅터벅 계속 걸어 가옥 마당 출입구에 다가서자 맞은 편에서 오토바이에 견공을 태운 채 타고 오던 이가 집 앞에서 잠시 멈추어 서더니 먼저 지나가라는 신호를 보낸다. 이곳의 주인장 같이 생겼다. 인간들이 서로 스쳐 지나가는 인연들이 참으로 신비롭다는 생각을 새삼 다시 하였다. 점심 후 걸어오는 동안 인간들을 한 사람도 마주치지 아니 했는데 어떻게 이 광활한 초원에서 외출 다녀오는 주인장과 그 집 앞에서 마주치게 되는 것일까. 조금 내려와서 통과 기념 서명을 하였다. 지나온 길 살아온 삶 하찮게 여기지 않고 감사하며 겸손하게 살아가도록 인도하여 주시옵소서.

(13:07 마을*Monteroni D'arbia*로 진입) 스마트 폰*iPhone 12 Pro Max*의 배터리 잔량이 50%로 이하가 되어 외장 배터리로 충전을 시작하자 이내 폰 화면에서 경고 메세지가 뜬다. 기기의 온도가

너무 높아 열이 내리면 충전을 계속하겠단다. 땅과 하늘이 이글대는데 폰인들 온전하겠는가. 출국전 제2안으로 생각해둔 일정 계획으로 변경키로 작정하였다. 즉 1일째는 시에나 구간을 주행하고 몇 구간을 건너뛰어 비테르보Viterbo에서 2일째를 이어가는 일정이다. 그래서 몬테로니 다르비아 마을로 방향을 틀었다. 마을 진입로 입간판을 특정 숙박 업소 광고로 잘못 알고 간판의 인터넷 주소로 찾아가려고 마을 안길을 이리갔다 저리갔다 한참을 헤매였다. 그늘 아래가 아니면 강렬한 햇빛으로 인해 폰화면을 제대로 읽을 수가 없다. 협회사이트 및 가이드에 나와있는 순례자 숙소를 찾는 것은 이미 시에나에서 포기했기에 일반 숙박 업소를 호텔 예약 앱에서 검색하여 2km여 떨어진 숙소1000 Miglia를 온라인으로 예약했다.

(14:34 숙소1000 Miglia 도착) 숙소에 도착하여 체크인(83.5€)을 하였다. 사실 협회 등에서 안내하기로는 순례자 숙소는 1박에 30€이하 또는 수녀원 등 공공시설에서는 기부제로 10€에서 15€라고 되어 있고 전날 필히 전화로 예약하라고 강조하고 있다. 그러나 이메일은 한국에서 뿐만아니라 이곳에 와서도 매번 불통 에러가 나고 외국인 입장에서 전화 통화도 여의치가 않아 순례 내내 일반 숙박 업소를 당일 도착 직전에 예약을 하였다. 덕분에 숙박 비용은 예상액의 3~5배가 더 들어갔다. 허나 어쩔 수 없지 않은가. 마침 숙소 옆에 대형 슈퍼마켓이 있어 장보기가 매우 편하고 좋았다. 몸을 씻고 땀에 찔은 속옷 상하 및 양말을 빨아 널었다. 슈퍼에서 저녁거리, 아침거리, 행동식 등(16.73€)을 샀다. 오늘의 영상을 유튜브 *(https://youtu.be/Vz0ikUdz9Ds)*에 업로드 하였다.

시에나 대성당   마을 안길

시에나 성문   포도농장 우물

시에나 23.73km 몬테로니 다르비아

몬테로니 다르비아 기차로 이동 **비테르보**

2023-08-08 화 청명함

몬테로니 다르비아Monteroni d'Arbia는 이탈리아 토스카나주 시에나도에 있는 코무네Comune(기초지방자치단체)다. 피렌체에서 남쪽 60km, 시에나에서 남동쪽 13km 거리에 있다. 이곳의 명칭은 옴브로네 강의 지류 중 하나인 아르비아 개울에서 따왔다.

(07:37 출발) 숙소를 출발하여 기차역Monteroni d'Arbia으로 이동하였다. 내일 출발지인 비테르보Viterbo까지 가기 위해서이다. 열차 시간표 연결이 마땅치가 않다. 그래서 로마역Rome Termini으로 다시 가서 거기서 비테르보행 열차를 타야한다. 아마 하루종일 기차만 타고 다닐 것 같다. 5회의 환승을 하여야 할 것 같다. 중도에 계획을 바꾸니 모든 일정이 흐트러 진다. 08:31 Monteroni→08:46 Siena(7.80€), 09:18 Siena→11:14 (환승)Florence S.M. Novella→12:49 Rome Termini(70.20€), 14:27 Rome Termini→14:46 (환승)Roma S.Pietro→16:43 Viterbo Porta Romana. 숙소를 나서는데 낯을 익힌 숙소 주인장은 버스를 이용하지 그러냐며 관심을 갖는다. 어제는 호텔 보일러 온도계가 고장나서 손수 수리 중이라며 먼지 투성이던 얼굴이 오늘 아침은 말끔하다. 일전에 중국인이 투숙하였었는데 그와 프렌드가 되었단다. 나하고도 프렌드가 되었다며 웃음을 짓는다. 준비해 간 기념품 태극기 배지를 하나 건네 주었다. 주인장은 버스 이용을 다시 권했지만 기차로 이동하겠다고 어필을 하였다. 호의는 고맙지만 도중에 환승하는 과정에서 버스 보다는 기차가 덜 헷갈릴 것 같아서였다. 몬테로니 다르비아역은 무인으로 운영되고 있으며 자그마한 역사는 문이 잠겨 있다. 철도 레일이 없었다면 아마 이 건물은 무

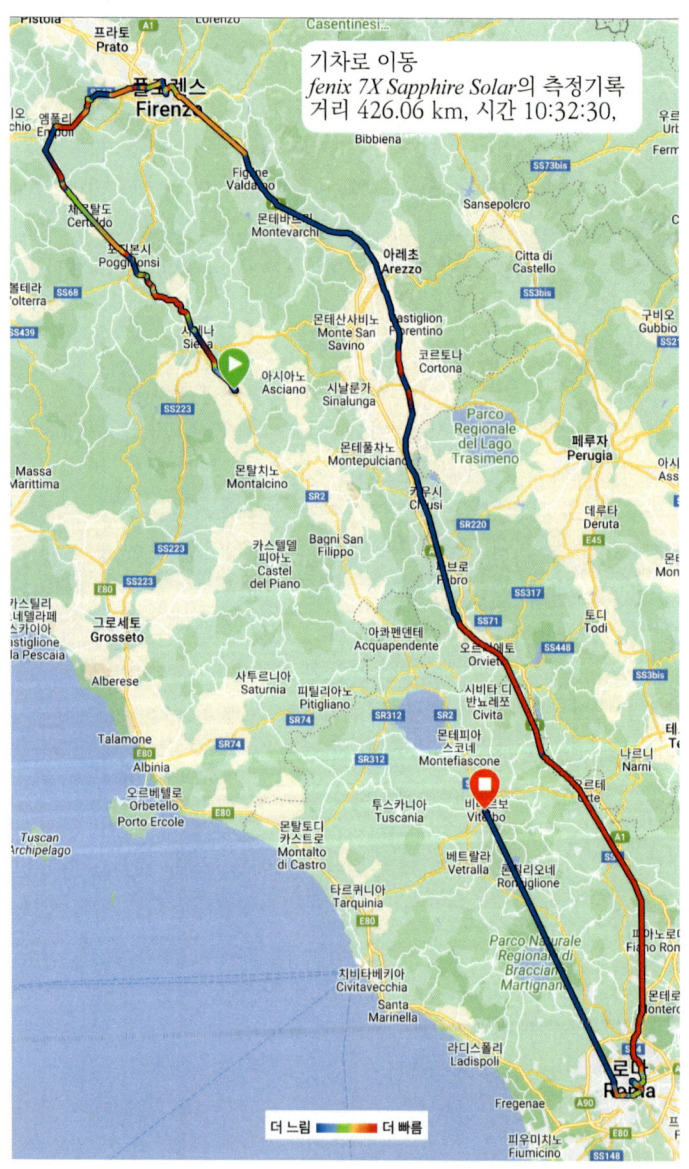

몬테로니 다르비아 기차로 이동 비테르보

슨 창고이려니 했을 것이다. 벽면에 개찰기가 2대 있는데 매표기로 잘못 알고 신용카드를 삽입구에 넣어 보고 태그면에 터치도 해보고 하였다. 몇번 해보고 나서야 아하 이게 개찰기임을 알아 차렸다. 플랫폼 게시판에 열차 시간표가 게시되어 있다. 어제 인터넷*italiatren.com* 검색으로 확인 한 바 있는 시에나행 열차 시간표를 확인하였다. 지하도를 통해 건너편 플랫폼으로 이동해서 시에나행 열차를 기다렸다. 방금 건너온 건너편 플랫폼으로 시에나 방향에서 1량 열차가 느릿느릿 접근하고 있다. 우리나라 무궁화호 완행 열차를 연상시킨다. 플랫폼 전광판에 시에나행 우리 열차의 출발 시간이 표시되었다. 2량 열차가 플랫폼에 정차하였다. 몇몇 주민들과 함께 승차하였다. 바로 승무원이 다가 오기에 기차표(7.80€)를 구매하였다. 인터넷에 게시된 금액(₩4,083.23) 보다 몇 푼 더 비싼 것 같다. 왜 그러지. 시에나 매표소에서 로마역행 열차표를 구매하였다. 북쪽 방향 피렌체로 가서 거기서 로마역행 열차로 환승을 하였다. 피렌체로 가는 중 한 정거장에서 방송을 듣고 사람들이 모두 다 우르르 내리길래 나도 따라 내려 열차를 바꿔 탔다. 다시 몇 정거장 가더니만 또다시 방송을 듣고 사람들이 우르르 내리길래 따라 내려 열차를 바꿔 탔다. 현지 승객들이 왁자지껄 깔깔대며 웃는 모습들이 이런 일이 자주 있는 모양이다. 덕분에 예약한 로마역행 환승 열차를 놓쳐버렸다. 피렌체역에 26분 연착하였다. 인포*Information*에 가서 표를 제시하며 사연을 말하였다. 표를 보더니만 두말하지 않고 새 티켓을 출력하여 건네준다. 이런 연착 사례가 통상적인 듯 하다. 이동 중 기차칸에서 샌드위치(7.50€)로 점심을 때웠다. 로마역에는 여유롭게 도착하였다. 사람들로 와글와글 북적대고 있었다. 팬데믹 때는 로마가 먹고 살기 힘들다는 보도를 접한 바 있었는데 지금은 살림살이가 꽤 좋아졌을 것 같다. 역사내 화장실을 사용료(1€)를 지불하고 이용하였다. 자동매표기에서 비테르보행 열차표를 구매하였다. 장애인인 자원봉

사자의 도움을 받아 열차표를 출력하였다. 약간의 잔돈이 발생하였기에 팁으로 주었다. 고맙다는 인사를 표한다. 내국인들도 일부는 이분의 도움을 받아서 열차표를 출력하고 있었다. 소액의 잔돈은 그냥 팁으로 주는 것 같다. 비테르보행 플랫폼이 한 마장 만큼이나 저 멀리 있다. 이탈리아어 영어로 기내 방송을 계속해 대는데 뭔 말인지 통 안들린다. 10분정도 늦게 출발하였다. 중간역 Viterbo S. Pietro에서 환승하였다. 16:43 비테르보역에는 정시에 도착하였다. 도착 전 열차에서 예약한 호텔 Tuscia Hotel(61.20€)을 향해 구글 지도앱을 실행시켜 이동하였다. 2km 가까운 거리였다. 체크인 하고 1인 실을 안내받았다. 몸을 씻고 속옷 상하, 버프 및 양말을 샤워하며 빨아 널고 근처 슈퍼마켓에서 장보기 위해 호텔을 나섰다. 큰 도로변에서 손에 깃발들을 하나씩 들고 40~50명이 모여 무슨 성토 대회를 하는 모양이다. 경찰차가 뒷편에 주차해 있고 남녀 두명의 경찰들이 지켜보고 있다. 맞은편 식당에서 고기빵과 따뜻한 레몬차와 복숭아를 주문하여 저녁 끼니(7.00€)로 때웠다. 그들은 쉬임없이 번갈아 가며 마이크로 소리쳐 대고 있다. 대형 슈퍼에서 파는 과일들은 싱싱하고 맛있고 저렴하다. 물1.5L 2통 등(7.00€)을 사서 폴딩 백팩에 넣고 어깨에 매었더니 무게가 만만치 않게 나간다. 어깨 끈의 한쪽 제봉선이 찢어지고 자크의 이가 잠기지 않는다. 무게가 가벼운 폴딩형이라 샀더니만 일회용도 아닌데 이렇게 허접하다니. 젠장. 호텔 몇집 건너 지하에 있는 동네 책방이 문이 열려 있다. 잠시 들려 둘러 보았다. 손주 선물용으로 간단한 것으로 2점(13€)을 샀다. 사고 싶은 책이 몇권 더 보였다. 허나 온종일 배낭 속에 넣은 채 걸어야 하기에 책 등 눈에 띄는 무거운 물건들은 무게 때문에 살 수가 없다. 책 속에 길이 있고 미래가 있는데 우리네는 갈 수록 동네 책방들이 사라져 가고 있고 독서률도 OECD 꼴찌를 자랑하고 있는 실정이니 참으로 안타깝다. OECD에 가입되었다고 세계 동네방네 떠들어 대고 있지만 속을 들여다보면 OECD 꼴찌 내지는 낯 부끄러운 1위를 기록하는 것들이 꽤 되는 것같다. 독서율 꼴찌, 출산율 꼴찌, 노인 자살율 1위, 인구 감소율 1위 등. 이런 통계가 발표되었는지는 모르겠으나 정치인 전과율도 상위권으로 추정된다. 우리 모두 책을 많이 읽자 독서의 계절이라는 소리는 이제 헛소리가 되어가고 있다. 퇴직 후 책을 집필본, 편집본, 번역본 등 종이책 전자책 여러 권을 출판하여 국내외 온라인 오프라인 서점에 런칭하였지만 별로 팔리지 않았다. 그런데 손주가 자기 책꽂이에 꽂힌 할아버지 책들을 참으로 열심히 펼쳐 본다. 할아버지랑 할머니랑 놀다가도 책꽂이에서 할아버지 책을 갖고 와서 '하지책 하지책' 그런다. 손주는 말을 배우기 시작하면서 할아버지를 하지 할머니를 함미라고 부른다. 아내에게 말했다. 우리 이쁜 손주 지아가 내 책의 최고의 애독자라고.

비테르보 *16.0km* **베트랄라**

2023-08-09 수 흐림 최고:28℃ 최저:16℃ 일출몰06:11-20:21

비테르보*Viterbo*는 이탈리아 중부 라치오 지역의 도시이자 코무네*Comune*(기초지방자치단체)이며, 비테르보 지방의 수도다. 초기 역사에서 이웃 마을인 페렌토*Ferento*를 정복하고 흡수했다. 비아 카시아*Via Cassia*의 로마GRA에서 북쪽으로 약 80km 떨어져 있으며 몬티 치미니*Monti Cimini*와 몬티 볼시니*Monti Volsini*로 둘러싸여 있다. 도시의 역사적인 중심지는 11세기와 12세기에 지어진 중세 시대의 성벽으로 둘러싸여 있다. 성벽으로 둘러싸인 도시 중심부로 들어가는 입구는 고대 문을 통과하는 것이다. 농업 외에도 비테르보 지역의 주요 자원은 도자기, 대리석 및 목재다. 이 도시는 이탈리아 금 매장지, 중요한 미술 아카데미, 투시아 대학교, 이탈리아 육군 항공 사령부 본부 및 훈련 센터의 본거지다. 넓은 온천 지역에 위치하고 있으며 이탈리아 중부 전역에서 많은 관광객을 끌어들이고 있다.

(07:48 출발) 호텔에서 제공해준 조식을 마친 후 호텔을 나서 오늘의 출발점인 광장*Piazza del Plebiscito*을 향했다. 어제 호텔을 찾아오는 길목에 위치해 있다. 청소차가 믹싱 컴푸레셔를 돌리며 열심히 청소 중이다. 이탈리아는 마을의 안길 및 그 이면 도로, 소도시의 안길 및 그 이면 도로는 한결같이 평평한 돌로 바둑판 마냥 잇대어 시공해 놓았다. 사람 손으로 일일이 깔았을 것이다. 아스팔트길이나 시멘트길 처럼 기게로 한번에 쫙 깔은 것이 아니다. 자동차가 생기기 전 만들어진 수백년 된 길들이다. 길바닥에 깔린 돌 하나 하나가 수백년씩 되었다는 이야기다. GPX는 어제 내렸던 기차역을 향하고 있다.

tappa-41-da-variante-san-martino-al-cimino.gpx
Length 21.9km, Ascending eveluation 515m,
Descending evaluation 522m, Max.altitude 597m,
Min.altitude 320m

비테르보 16.0km 베트랄라

기차 역사 앞마당을 지나쳐 오면서 GPX를 들여다 보니 포지션 포인터가 트레일을 벗어나 깜빡이고 있다. 뭔가 잘못되었다. 발걸음을 뒤로 돌려 역사 앞방향 도로로 내려서 걸었다. 포인터가 더 멀어지고 있다. 뭐야 이 방향도 아닌데. 역방향으로 다시 되짚어 걸었다. 한참 지나쳐 온 철로 고가 갈림길에서 방향을 잘못 잡았던 것이다. 괜히 30여분 알바를 했다.

(09:58 숲길 진입) 가끔 승용차들이 질주할 뿐 한적한 마을 안길을 벗어나 숲길로 진입을 하였다. 길 위로 자동차가 바퀴들로 움푹 파인 자국들이 길게 이어지고 있다. 농경지는 눈으로 조망이 안된다. 수목과 온갖 잡풀이 무성하게 우거졌다는 것은 이 지역이 풍요로운 땅임을 알리는 것이다. 지구촌 곳곳이 메말라 있거나 메말라 가고 있고 강수량도 거의 없는 지역과 비교하면 참으로 복 받은 지역이다. 이탈리아가 위대한 유산을 남긴 조상들 덕분에 잘 먹고 잘 살고 있기도 하지만 창조주 하나님의 그 크신 은혜 자연의 혜택 속에서 풍요로운 삶을 영위하고 있는 것이다. 이처럼 젖과 꿀이 흐르는 바탕 속에서 종교가 크게 발달하고 전도 및 순례 활동도 크고 넓게 전개되었다는 생각을 한다. 길 옆으로 비켜서 새참(10:18)을 하였다. 눈에 익은 꽃무리가 있기에 인터넷으로 꽃 검색을 하였더니 강활꽃이다. 이번 순례의 사전 훈련차 지리산 천왕봉을 1박 2일 다녀왔는데 그때 로타리 대피소 가는 길목에서 많이 발견되었던 강활꽃 무리들이다. 사람도 안 보이고 달리는 차도 안 보이는 길을 계속 걸었다. 그대는 왜 이리 뙤약볕 속을 걷는가. 도대체 왜.

(11:30 마을 진입) 비아 루트상에 마을 성당이 보이길래 안으로 들어가 비아 싸인을 받고 나왔다. 연로한 수녀께서 차 한 잔 하시겠냐고 물었지만 정중히 거절했다. 잠시 대화나 인터

무성한 숲속 언덕 위의 집

풍요로움이 넘치는 평원 노새 길

비테르보 16.0km 베트랄라

뷰라도 할 수 있으련만 갈 길을 재촉하다 보니 마음의 여유가 없다. 제법 큰 식당을 지나치며 문앞 메뉴판을 보니 스파게티 메뉴도 있기에 한 그릇 먹을까 했더니 13:00 부터 영업을 한단다. 1시간 정도를 기다려야 한다는 이야기다. 이탈리아에 도착하면 제일 먼저 먹고 싶었던 스파게티를 아직 못 먹었는데 아쉽다. 포기하고 다시 서둘러 길을 재촉하였다.

(12:38 수목 지대로 진입) 점심을 주전부리 거리로 걸어가면서 먹었다. 약국 근처 과일집에서 산 복숭아 4개를 주머니에 넣은 채 아그작 아그작 비어 먹었다. 행동식으로 배낭 속에 상시 갖고 다니는 비스켓과 젤리 등을 함께 먹어 간단히 끼니를 떼웠다. 숲길 바닥 군데 군데에 탄피가 너저분하게 버려져 있다. 처음에는 무언가하고 한 개를 집어 살펴 보니 엽총 탄피였다. 이 정도 탄피를 사용할 정도라면 어미 멧돼지라도 잡았다는 이야기인데. 순간 고요한 숲속에서 거친 코푸레질 소리가 나무 가지 스치는 소리와 함께 들렸다 사라진다. 백두대간 종주시 야간에 속리산 도하리 마을로 하산하던 중 멧돼지가 스쳐 지나가며 냈던 소리를 연상시켰다.

(15:49 마을 진입) 마을 외곽에 지하 창고가 여러 개 목격되었다. 가까이 가서 철창 너머로 들여다 보았지만 내부가 잘 식별이 안된다. 가풀막 포장 도로를 길게도 올라간다. 이동 중에 숙소 앱을 검색하여 오늘밤 묵을 숙소 *Casa Augusto* (58.50€)를 예약했다. 구글지도상 2km여 30분여 거리로 표시된다. 그늘이 없는 뙤약볕 길을 걸으면서 스마트폰 화면을 본다는 것이 참으로 불편하다. 화면 밝기를 100%로 올려도 글씨가 선명하게 식별이 안된다. 손으로 그늘을 만들거나 가로수나 지시랑의 그늘에서 보아야 그래도 어느 정도 화면이 읽힌다. 보도가 없는 찻길가를 걸어 숙소를 향하던 중 대형 슈퍼마켓이 있길래 장을 보았다. 물백에 채우고 저녁 내 먹을 식수 1.5L

마을 성당 　　　　　강활꽃 지리산에도

순례자 표지 　　　　　마을 성문

비테르보 16.0km 베트랄라

짜리 두개, 과일 등(€10.46)을 사서 비닐 봉투에 들고 나오니 어깨가 다 쳐진다. 집을 출발할 때 배낭무게가 6,220g으로 계측되었는데 현지 주행시 마실 물 및 행동식 등을 배낭에 꾸리면 10kg을 훌쩍 넘기게 된다. 여하튼 자기 몸무게의 10%이하의 무게를 고수해야지 어깨가 편하고 저녁에 잘 때 쥐가 내리지 않는다. 하루 종일 어깨가 짓눌러 있기에 간혹 밤에 손가락 발가락 부위에 쥐가 내려서 그 쥐를 풀려고 침대 위에서 애를 많이 썼다. 무조건 배낭 무게를 줄여라. 이번 숙소는 빈 가정집 사랑방을 개조하여 여행자들 숙소로 판매하고 있었다. 여장 정돈을 마치고 혹시나 스파게티 식당이 있을까 주변을 둘러보려고 밖으로 나섰다. 찾을 재간이 없구나. 지척에 대형 수퍼마켓이 눈에 들어 온다. 허참 아까 괜스리 생고생했네. 숙소가 단독 주방이 곁들어 있는지라 오늘 저녁은 간단하나마 직접 조리해서 먹자는 생각이 나서 컵라면 2개, 스프 2개, 행동식 거리(€8.71) 등을 사서 숙소로 돌아 왔다. 오늘의 영상을 유튜브*(https://youtu.be/HrPy4JL5rXs)*에 업로드하였다. 오늘의 영상은 걷는 도중에 아이폰의 영상 제작 앱*iMovie*으로 실시간으로 제작 편집을 하였다. 또한 걷는 도중 즉석에서 짧은 *Short* 영상을 제작하여 실시간으로 유튜브*(https://youtube.com/shorts/a34lp8HWtj8?feature=share)*에 올렸다. 비싼 돈 주고 장만해서 갖고 온 미니 액션 캠*insta360go2*을 그리 자주 사용할 수가 없다. 걷는 중에 촬영 기기를 이것 저것 다루다 보면 걷는 리듬이 깨져 신체 피로도를 더 느끼게 하는 것 같다. 당초는 드론기를 갖고 올까 했는데 무게, 사용 승인 등 후속 조치 일이 많아 포기하였다. 오늘도 베풀어주신 그 크신 은혜에 경배드립니다.

베트랄라 *23.5km* 수트리

2023-08-10 목 청명함 최고:30℃ 최저:16℃ 일출06:13

베트랄라Vetralla는 이탈리아 중부 비테르보Viterbo 지방에 있는 도시이자 코무네로 해당 도시에서 남쪽으로 11km 떨어져 있으며 몬테 포글리아노Monte Fogliano의 위에 있다.

(08:54 출발) 모처럼 주방에서 어제 장 본 것으로 조리하여 아침 식사를 하였다. 컵라면, 수프, 빵, 과일 등 이었다. 스파게티를 요리해 먹을까 하다 시간이 너무 지체될 것 같아 장거리에서 제외시켰었다. 그래도 1시간 정도를 늦게 출발하였다. 어제 저녁에는 눈에 뵈는 것이 없더니만 아침에 눈을 뜨니 침실 벽면에 세계 지도가 붙어 있고 각 나라별로 메모와 함께 핀이 꼽혀 있다. 한국인의 핀도 하나 보인다. 숙소는 루트상에 있기에 GPX의 내위치 표지점*your position*이 정확한 출발 지점에서 반짝이고 있다. 차도를 따라 걸어 T자 도로 끝에 이르러 GPX화면을 보니 표지점이 엉뚱한 곳에 위치해 있다. 도중에 직각으로 좌회전했어야 했는데 알바를 한 것이다. 오던 길로 다시 되돌아 제대로 된 방향으로 걸었다. 주택가 도로로 이어진다. 뒤에서 어린 아이의 소리가 들린다. 돌아보니 3층 베란다에서 빨래를 널고 있는 엄마 옆에서 손을 흔들며 소리치고 있다. 방금 아빠가 승용차를 타며 손을 흔들며 출근한 직후 같은데 아빠에게 하듯 나에게도 하는 것 같았다. 손을 흔들어 주자 그 아이도 더 열심히 손을 흔든다. 이 길이 비아 공식 루트이기에 배낭 차림의 순례자 모습에 익숙해 있으리라. 그래 무럭무럭 잘 커서 나라의 자랑스런 일꾼 되거라. 포장 도로가 가로수로 울창하다. 남녀 대학생들 여남은 명이 대형 배낭을 메고 반대편에서 다가선다. 오늘로서 3일째 걷고 있시민 사실 비아 상에서 순례자 모습들이 거의 보이지가

베트랄라 23.5km 수트리

베트랄라 23.5km 수트리

않는다. 산띠아고길은 아침에 여러 알베르게에서 거의 같은 시간대에 체크아웃하고 출발하기에 초장에는 군인들 행군 대열을 연상시킨다. 허나 이곳 비아는 한적하다. 어느 의미에서 조용한 가운데 내 자신을 꾸준히 탐구하며 걷기가 더 낫다. 다음에도 기회가 되면 산띠아고길보다는 이길 비아를 더 선호할 것 같다.

(10:15 숲속으로) 기찻길을 건너서 조금 가면 베트랄라 경계 표지판이 나오고 순례길은 다시 숲속으로 진입을 한다. 초입에 벤치 등 쉼터가 마련되어 있다. 아담한 식수터도 있고 파이프 꼭지에서 물이 계속 졸졸 흘러 나오고 있다. 전기 모터를 돌려 관정에서 물을 끌어 올리는 것이 아니라 자연적으로 물이 솟구쳐 흐르고 있는 것 같다. 이런 식수터를 이곳 이 나라에서는 자주 볼 수 있다. 마을 골목길에서도 발견된다. 우리네는 아마 지리산에나 가야 이처럼 관정 모터 없이 마실 수 있는 물이 솟는 모습을 볼 수 있을 것이다. 숲속이 아니라 나무들 속이다. 등로에 도열해 있는 나무 꼭대기를 쳐다보려면 고개를 뒤로 90도 이상 꺽어야 보인다. 평소에도 고개를 뒤로 90도 꺾고 위를 쳐다보는 운동도 자주해야지 갑자기 했다가는 목디스크 걸리기 십상일 것 같다. 포도 농장을 가로질러 길은 이어진다. 포도 농장이 끝나자 말미에 식당이 보인다. 혹시 스파게티를 먹을 수 있으려나 했건만 그건 안되고 샌드위치 빵류와 질퍽한 파스타류만 있다. 파스타 한판이 너무 크길래 4등분해서 한쪽만 달라고 했는데 4쪽을 각각 용기에 담아 건네주려 한다. 의사 소통이 잘 안되었다. 구글 번역기로 말을 걸었다. 4등분하여 한쪽을 달라고 하지 않았느냐 하니 손님이 손가락 네개를 표시하지 않았냐 하는 것이다. 한쪽에 있던 주인 마담이 다가오자 종업원이 이 상황을 설명하는 것 같다. 그냥 4쪽을 다 살테니 2쪽은 포장해주고 2쪽은 여기서 먹겠다고 구글번역기로 말을 하여 거시기한 상황을

종료시켰다. 억지로 두 쪽을 다 입에 구겨 넣으려 했으나 배가 불러 한쪽은 거의 먹지를 못했다. 먹다 남긴 음식을 저녁까지 배낭에 넣고 갈 경우 상할 것 같아 음식물 폐기통에 버렸다. 파라솔 아래에서 잠시 눈을 붙이려 했으나 잘 안된다. 종업원에게 화장실이 어디냐고 했더니 화장실이 없단다. 아니 식당 손님들이 꽤 되는데 이들도 용변 해결을 이곳에서 못한다는 이야기다. 아마 직원들만 사용케 하고 외부인들에게는 못 쓰게 하고 있는 것 같다. 이곳 이나라 화장실 인심은 참 각박하구나. 할 수 없다. 가다가 사람 안 보이는 곳에서 노상방뇨하는 수밖에. 경찰한테 들키면 벌금 딱지라도 떼일려나.

(13:09 농장길) 식당를 나서자 비아길은 다시 아까 지나온 사유지 포도 농장 속으로 이어진다. GPX위치점이 정확하지 않다. 고개를 숙이며 농장 나무 사이를 이리 저리 돌듯 가는데 노인 커플이 노랑색 커플티 차림으로 산악자전거를 타고 지나가면서 인사를 하며 비아길이라고 소리 지른다. 어 저기 나 홀로 연인이 배낭 쌍스틱 차림으로 맞은 편에서 다가 선다. 잠시 가니 방금 지나쳐 간 노인 커플이 돌덩이 위에 앉아 휴식 중이다. 오래된 탑 Torri D'orlando 이 있기에 셀카 사진을 찍었다. BC 1세기에 세워진 유서 깊은 로마 무덤 Roman tombs 이란다. 노신사가 중국인이냐 일본인이냐 묻는다. 한국인이라고 했더니 북쪽 사람이냐고 다시 묻는다. 남쪽 사람이라고 했다. 전에도 이런 서열 따지는 듯한 물음을 받았었는데 앞으로도 이탈리아 체류 중 이런 류의 물음을 꽤 받을 것 같다. 서로의 폰으로 기념 셀카를 찍고 상의 옷깃에 달고 있던 태극기 배지를 뽑아 노신사의 DSLR 스트랩에 꼽아주며 대한민국 국기라고 일러주었다. 노신사가 그냥 묵묵히 반응한다. 괜시리 주었다는 생각이 들었다. 반면에 우아하게 생긴 노부인이 연신 웃으며 우리 둘의 대화를 지켜보고 배지를 달아 줄때는 감사하다는 말을 건네기도 했다. 노부인에게 줄걸 그랬나. 연배는 노

로마 무덤 *Roman tombs*

베트랄라 23.5km 수트리

신사는 나보다 좀 더 되어 보이고 노부인은 여동생 같은 느낌이 들었다. 실례를 무릅쓰고 나이를 물어 볼걸. 아니 내 나이를 물어 주었으면 나도 물어 봤을 텐데. 농장을 빠져나가 비아로 내려서려면 이 방향이 맞냐고 했더니 노신사가 자기 핸드폰에서 GPX화면을 보여준다. 나도 내 핸드폰 화면을 펼치니 두 핸드폰 화면상 GPX가 똑같고 위치점 반짝이는 것도 또한 똑같다. 괜히 그들과 친구 사이 같은 느낌이 들었다. 같은 시간 같은 장소를 함께 한 비아 동반자. 두분 아름다운 삶 영위하기를 축원합니다.

(13:21 뙤약볕) 농장 울타리를 벗어나자 끝이 안 보일 듯 한 길게 뻗은 포장 도로가 펼쳐진다. 띄엄 띄엄 차들이 질주를 한다. 차도 갓길을 따라 걸었다. 그늘 없는 뙤약볕 길을 하염없이 걸었다. 아이폰 배터리가 저전력 모드(20%이하)로 전환되었기에 보조 배터리에 충전케이블을 꼽았다. 아이폰 화면이 허벌나게 뜨거워 지더니 이내 충전 거부 메세지가 뜬다. 열이 식으면 충전 재개하겠단다. 기기가 똘똘한 것인지 성능 미달인지 구분이 안된다. 걸어가며 눈이 자꾸 감긴다. 지나가는 차 소리에 번쩍 정신을 차린다. 사위를 둘러보면 다음 파종을 기다리는 들녘이 한눈에 잡히지 않을 정도로 광활하게 펼쳐져 있다. 참으로 대단하며 복 받은 땅임을 새삼 다시 느낀다.

(15:39 숲속으로) 마을 안길을 벗어나 다시 비포장 숲 속길로 진입하였다. 동네 젊은 아낙네가 개와 함께 산책을 하며 비아 길로 앞서 나간다. 뒤를 따르며 한참을 걸었다. 개가 해찰을 하며 영역 표시 행위로 멈춰서기를 몇번 한다. 내가 앞서 나가기도 하였다. 잠시 시야에서 사라졌다. 세천이 흐르는 숲속 터널 길로 진입을 하였다. 그들이 다시 시야에 잡힌다. 개가 세천에서 노는가 했더니 주인이 흐르는 세천에 던진 허드레

마을 시계 차인벨 종탑　　　　　마을 가풀막 안길 모습

실버 바이커들의 활기찬 모습　　숲속 등로 개울 위의 나무다리

베트랄라 23.5km 수트리

나뭇가지가 두개 정도를 물고 나온다. 주인은 그 상태로 개목줄을 잡아 당겨 다시 걸음을 내딛는다. 개 주둥이에 나뭇가지를 물린 채로. 왜 그럴까. 물건 집어 오는 훈련을 시켰으면 격려해 주고 나뭇가지들을 뱉도록 해야 할 텐데. 아하 알겠다. 개녀석이 자꾸 해찰을 하여 걸음이 멈추게 되자 이 짓을 못하게 하는 방법의 하나로 개 주둥이에 나뭇가지를 물리고 가는구나. 그들은 다른 길로 사라졌다. 등로는 저 아래로 세천을 두고 나란이 이어지고 있다. 아니 낮에 만났던 실버 부부 바이커가 커브길을 돌아 나타나며 큰 소리로 아는 척 하며 지나간다. 사람 두세 명 정도가 교행할 정도의 노폭인데 참 대단한 실버들이다. 어째 이 등로는 최근 개척하여 닦은 길 같다. 그 옛날 시게릭Sigeric 신부 일행들이 왕래했던 길인지 좀 의아하다. 말이나 노새를 타고 왕래했다면 이 길은 도저히 말이나 노새가 통과할 수 있는 길이 안된다. 숲터널 말미에 설치된 세천을 가로지르는 나무 다리, 나무 의자, 나무 등걸 및 탁자 등의 색깔 등이 방금 나무 껍질을 벗겨 낸 듯 원목색이 선명하다.

수확을 마치고 다음 파종을 기다리며 - 매년 2~3모작은 하는 듯

베트랄라 23.5km 수트리

(17:30 숙소 도착) 오늘 일정을 마감할 시간이 다가온다. 긴 숲 터널을 빠져 나와 다시 비포장 노새길이 이어지고 있다. GPX 및 구글지도상의 계측으로 1시간여 남은 시간에 오늘 숙소*B&B Notti d'Oriente*(98.00€)를 예약했다. 이 숙소는 오늘의 GPX 마지막 지점에서 약간 비켜서 위치해 있었다. 골목길을 왔다 리 갔다리 하는데 건물 3층 창문에서 노신사가 얼굴을 내밀고 어디를 찾는냐고 묻기에 호텔명을 크게 알려주니 손으로 방향을 가리킨다. 안길 구불 구불한 도로변 막다른 골목에 위치해 있었다. 중년 바이커 부부가 앞서 도착하여 주인 마담의 확인을 받고 있었다. 주인 마담이 내 이름을 확인 하더니 나 먼저 침실로 안내하려 하기에 먼저 도착한 바이커 부부를 먼저 안내하라고 하자 이들은 자전거 주차 등을 해야 하니 나 먼저 가잔다. 부부도 먼저 안내 받으라고 제스쳐를 취한다. 이 숙소는 비록 주택을 개조한 듯 하지만 제대로 된 깔끔한 호텔 방 수준이다. 약간의 돈을 더 지불한 티가 난다. 미니 주방에는 빵류, 우유, 요구르트 및 차류 등이 갖춰져 있다. 주인 마담이 마음껏 들란다. 스파게티 잘하는 식당을 추천해 달라고 하자 수트리 관광 안내도에 두 군데를 표시하며 엄지척 하며 잘하고 맛있는 식당이란다. 몸을 씻고 속옷가지를 빨아 널고 나니 외출할 마음이 없어 졌다. 저녁과 내일 아침의 일용할 양식이 전부 해결된 상태인데 굳이 외출할 필요가 있겠는가. 점심 때 사서 배낭에 넣고 온 파스타 두팩 중 한팩으로 저녁을 때웠다. 다행히 상하지는 아니 했다. 한팩은 내일 아침용으로 주방 냉장고에 넣었다. 방에 800mL들이의 서비스 식수가 있기에 저녁 내 마시고 남은 양은 반 쯤 찬 물백에 채워 넣으면 된다. 슈퍼마켓 장보기도 포기하고 잠자리에 들었다. 오늘의 영상을 유튜브*(https://youtu.be/f9Nk2EnubiY)*에 업로드하였다. 아내 하고는 매일 새벽 기상한 후 통화를 한다. 우리나라가 7시간을 앞서 가기에 이곳 잠자리 들 시간에 우리나라는 자정을 넘긴 시간이 된다. 어째 목이 약간 싸하게 느껴지고 콧물

기도 있다. 처방해온 목감기 약을 한봉 먹었다. 체질적으로 목이 싸하기 시작하면 이내 콧물 감기로 옮겨지기에 좀 신경이 쓰인다. 이번 순례 중 아프지 않게 은혜 내려 주시옵소서. 기도하였다. 기도와 관련한 유명한 일화가 있다. 어느 미국 대통령은 주요 회의를 주재하다가 참석자 끼리 서로 옥신각신하며 의사 합일이 안 이루어지고 있으면 잠시 휴회를 선포하고 옆방에 마련된 기도방에 나홀로 들어가 기도를 드리고 나와서 속회를 하여 회의를 원만하게 마무리 지었다는 일화가 있다. 그 대통령은 바로 아브라함 링컨 대통령이다.

수트리 24,5 km 캄파냐노 디 로마

2023-08-11 금 청명함 최고:32℃ 최저:17℃ 일출06:13

수트리Sutri, Sutrium는 로마에서 약 50km, 비테르보에서 남쪽으로 약 30km 떨어진 비테르보Viterbo 지방에 있는 고대 도시로, 현재 코무네(기초지방자치단체)이며 전 주교구이다. 협곡으로 둘러싸인 좁은 응회암 언덕에 그림처럼 아름답게 위치하고 있으며 서쪽의 좁은 목은 주변 국가와 연결되어 있다. 수트리에는 5,000명이 넘는 주민이 살고 있다. 응회암에서 발굴된 로마 원형 극장, 수십 개의 바위를 깎아 만든 무덤이 있는 에트루리아 공동묘지, 로마네스크 양식의 두오모인 마돈나 델 파르토 교회의 지하실에 통합된 미트라에움 등 고대 유적은 관광을 위한 주요 명소이다.

(아내와 통화) 05시경 잠이 깨었다. 아내와 통화를 하였다. 여기도 별일 없고 저기도 별일 없다니 모두 다 그 크신 은혜 덕분이다. 이번 순례를 아내와 함께 하고자 했으나 아내는 고사하였다. 모델 같은 자태로 처녀 시절을 보냈지만 아내 노릇 하고 자식 새끼 둘을 키우다 보니 어느덧 머리에 서리가 내린 노부인이 되어 버렸다. 좋은 직장에 근무했었는데 결혼하면서 그만 두게 하고 주부 역할에 집중할 것을 주문하였다. 칠순에 다가서며 상시 복용약이 늘어났다. 정기적으로 약 처방을 받는데 두 사람의 분량이 한 보따리다. 병노쇠약해 지고 있음을 실감하는 날이다. 병에 걸리면 내 몸에 친구가 찾아 왔구나 하고 잘 낫지 않는 병은 오래 머물 친구도 찾아 왔네 하고 처방약은 친구를 떠나보내려는 레시피구나 이렇게 생각하려고 노력한다. 한낮에 걸어가는 도중 문득 집을 떠나올 때 무설탕 캔디가 달랑달랑해서 인터넷으로 허브 캔디 2봉 한 박스를 주문한 게 떠올랐다. 잘 배달되었겠지. 어지러움을 느

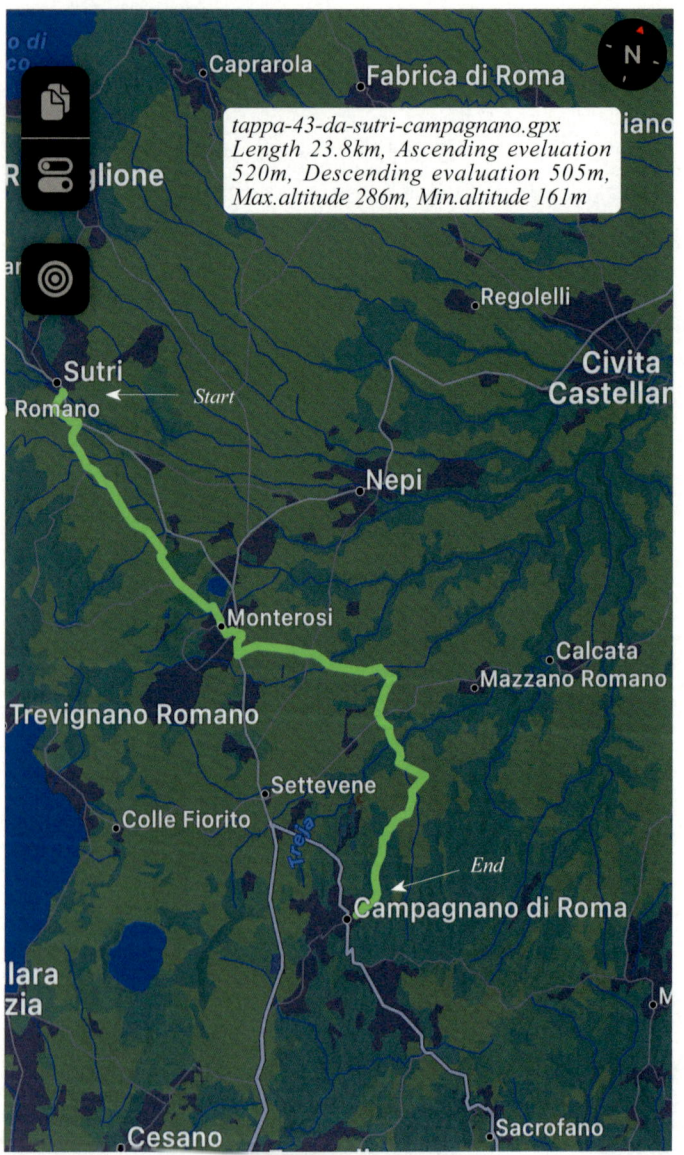

수트리 24,5 km 캄파냐노 디 로마

수트리 24,5 km 캄파냐노 디 로마

낄 때 사탕을 섭취하라는 의사 처방이 있었기에 캔디를 상시 주머니에 넣고 다닌다. 아내는 겁이 많다. 혼자 집에 있는 것이 이번이 처음이라며 밤에 혼자서 잠자기 무서울 것이라고 몇 번을 말하였다. 비아를 걷는 중에도 아내에게 미안하다는 생각을 자주하였다. 잠시 걸음을 멈추고 스마트폰에서 앱을 열어 아내가 주전부리로 즐겨 먹는 건조 망고 5팩 한 박스를 주문하였다. 아내와 통화 중 캔디가 배달되었음을 확인하였다. 망고도 이곳에서 주문 배달시켰다고 알려주니 뭐 그런 것까지 하며 좋아한다. 아내는 내년이 칠순 기념해이다. 사지육신이 거동을 멈추기 전에 아내와 함께 하는 투어 프로젝트를 구상 중이다. 좀 거시기한 말이지만 팔팔구구 하지 말고 구구팔팔 이삼사 하자는 말이 있다. 88세까지 구질구질하게 살지 말고 99세까지 팔팔하게 살다가 2~3일만 아프다 죽자 라는 말이다. 주변 정리 중 옛날 앨범을 펼쳐 보다 나도 새삼 놀라는 신혼 여행 사진을 발견했었다. 아내를 두 팔로 떠 안은 채 이 바위 저 바위 위를 뛰어다니고 있는 사진이었다. 지금이야 그때만큼은 못한다 해도 아직까지는 사지육신이 팔팔한 상태다. 나이 많다는 이유를 들어 이것저것 안팎으로 주문이나 제제가 들어온다. 운전면허증 반납하면 상품권 줄게. 도대체가 노 시니어 존이라니. 노인은 출입금지란다. 미국의 인권 악법 개와 흑인은 출입금지라고 규정한 짐크로법 Jim Crow laws이 폐지된 마당에 이나라에서는 한국형 악습으로 변장을 하여 공공연하게 인권 유린을 저지르고 있는 꼴이다. 나는 지하철 등에 노약자석을 따로 만들어 놓는 것 자체가 참 마뜩잖다. 어찌보면 이도 일종의 스티그마 Stigma다. 경로敬老가 경로輕老로 변하고 있다.

(07:15 출발) 파스타 한쪽을 전자레인지에 데워 먹고 커피포트에 물을 데워 레몬 티백 한 잔을 곁드려서 아침을 해결했다. 키를 방 열쇠 구멍에 삽입해 둔 채로 숙소를 나섰다. GPX

를 열었다. 오늘의 트레일에서 조금 비켜진 상태에서 위치점이 반짝이고 있다. 어제 숙소를 향해 왔던 길을 되짚어 걸어 숙소 출발 20여분만에 GPX 트레일에 도킹하였다. 길거리는 하루 일상을 여는 바쁜 모습들이 펼쳐지고 있다. 나선형의 가파른 돌계단 길을 내려서니 고풍스러운 로마 원형 경기장이 눈앞에 나타나고 옆으로 숲 터널의 비아길로 연결된다. 굳게 닫혀 있는 경기장 철창 문틈으로 안을 들여다 보았다. 웅장한 규모는 아니다. 경기장 바닥 크기가 농구 코트장의 너댓 정도이고 관람석이었을 스탠드도 아담하다. 이런 경기장에서도 검투사들의 살육전이 펼쳐졌던 것인가. 기본 경로 표지판과 대체 경로 표지판이 함께 서 있다. 대체 경로를 무시하고 GPX가 가리키는 기본 경로를 따랐다. 가풀막 숲 터널을 빠져 나온 비아길은 교통량이 많은 도로를 횡단하여 좌우로 농장들이 도열해 있는 광활한 평원을 관통하며 이어진다. 참으로 드넓은 초원과 목초지가 생명력을 분수처럼 뿜어내며 망망대해처럼 펼쳐지고 있다.

(09:35 농장 지대 진입) 비포장 노새길을 따라 처벅처벅 걸어가는데 커플 바이커가 인사하며 앞서 나간다. 어제 숙소에 도착해서 체크인할 때 마주쳤던 사람들이다. 같은 색상의 바이커복을 입고 있다. 저들도 로마까지 가는 것일까. 사람이 눈에 띄지 않는 광활한 농장 지대. 멀리서 트랙터 굉음 소리만 들려올 뿐이다. 다시 비아는 고속도로와 평행으로 이어지고 있다. 등로 갓길 그늘 아래에 판초 우의를 깔고 새참겸 이른 점심을 하였다. 오늘은 어째 주행 중 먹는 음식들이 아무래도 좀 허접하다는 생각이 든다. 복숭아 두 개, 먹다 남은 빵 한 쪽, 비스켓이 전부다. 슈퍼마켓에 들려도 배낭 무게, 뙤약볕 열기로 인한 상할 가능성 등으로 행동식 준비가 허접해지는 것 같다. 1.5L의 물백에 물을 채우면 그건만도 2~3kg에 육박하여 배낭무게가 10kg를 넘겨버린다. 배낭 무게 10kg 이하

원칙를 고수하려다 보니 적당량의 행동식도 갖고 걸을 수가 없구나.

(입술 연고) 아래 만났던 노신사 커플 바이커 부부가 자전거를 멈추어 서며 아는 척을 한다. 그래 우리 구면이지요. 그때 내폰으로 찍은 사진을 자기에게 달라고 한다. 내폰을 검색해 사진을 찾았는데 이걸 어떻게 보내지. 그도 아이폰을 사용중이라면 AirDrop으로 즉각 보낼 수 있으련만 삼성 갤럭시 기종이다. 내폰에서 메일 창을 열고 직접 귀하 폰으로 전송하라고 했더니 그가 사용는 이탈리아 메일이 잘 안되는 지라 평소 잘 안 쓴다는 지메일을 기억해 내 불러주기에 사진 전송을 잘 했다. 그들은 다시 갈 길을 갔다. 어제 부터 입술이 부르트기 시작하여 물집이 돋고 있다. 마침 가는 길목에 약국이 있다. 아리따운 젊은 약사가 미소지으며 맞이한다. 입술을 가리키며 아시클로버 달라고 하니 입술 립스틱을 주려 하길래 다시 아시클로버라 말을 하자 약사는 고개를 갸우뚱하더니 안쪽 선반에서 연고 한통을 짚더니 이거냐고 한다. 맞다고 하자 미소지으며 건네준다. Aciclovir Dorom(€9.5)으로 표기되어 있다. 발음 차이로 처음에 못 알아 들은 것 같다. 우리나라 아시클로버 보다 용량이 약간 많아 값이 더 되는 것 같다. 이거 여행자 보험 청구 요건이 되는 것인가. 약을 참 많이 갖고 왔다. 당뇨약 간약 종합비타민 등 평소 먹는 약, 감기 몸살약 등 평소 자주 걸려 먹는 약, 파스 물집 패치 등 등산 상비약 등등 약을 A4용지 크기의 파우치에 한 보따리 가져 왔건만 정작 입술약을 빠트렸다. 아프지 말아야지. 여행자 보험을 들고 왔는데 죽으면 2억원 정도 나온단다. 아니지. 아직 육신이 팔팔하기에 남은 인생 유통기간을 감안하면 택도 없는 액수라 자문자답 해본다. 건강한 가운데 순례를 마치자.

    허기가 져 배를 물로 채우며 주행을 하였다. 이 구간은 단조로우며 초원이나 목초지가 계속 이어지는 참 긴 구간이다.

로마 원형 경기장　　　　　마을 성당 내부 모습

울타리가 없는 골프장 누구나 언제나 이용 - 우리네 골프장은 보안시설

수트리 24,5 km 캄파냐노 디 로마

제대로 된 하이킹을 하기 위해서는 보통 하루 30km 정도를 8시간 정도 걷는 것을 기준으로 하면 될 것 같다. 이 정도가 보통 대상들이 낙타 노새 등에 짐을 싣고 사막길이나 실크로드를 오갔던 하루 동안의 통상적인 거리와 시간이라고 하니 우리 같이 하이킹을 애호하는 보통 사람들도 이 기준을 참고하면 좋을 것 같다. 뙤약볕 열기가 사람의 살을 태울 듯하다. 아이폰도 자기 할 일을 못하겠다고 충전을 거부한다. 열기가 식으면 하겠다는 메시지를 화면에 띄운다. 요즈음은 여의도 건물이나 광화문 광장이 똑똑이들로 넘실대던데 전자 기기들도 이런 인간들을 닮아 참 똑똑하게 진화하고 있는 것 같다. 충전이 중단되면 이로 인해 덩달아 사진 및 비디오 찍기도 소홀해 진다. 주행중 GPS앱 두개를 가동시키고 구글링을 하고 사진 및 비디오를 찍고 영상툴앱을 가동시켜 영상 제작을 즉석에서 하고 가끔 음악을 듣는 등등 이것저것 여러가지 일을 하니 아이폰의 배터리 용량은 오전 중에 벌써 간당간당해진다. 물백 호수 대롱을 입에 물고 이빨로 살짝 씹으며 2~3회씩 썩킹하며 주행을 한다. 마신 물들이 땀으로 증발되는 것 보다 소변으로 배출되는 양이 더 되는 것 같다. 허허벌판 들녘이나 깊은 숲 터널 속까지 경찰들이 단속 나올 일 없을 것이니 편한 마음으로 여기저기에서 노상방뇨를 하였다. 대변은 한 대낮에 배낭을 벗어 놓고 엉덩이를 까발려야 하기에 참 난하다. 대변은 항상 기상과 동시에 억지로라도 조금이라도 방출시키고 숙소 출발을 한다를 원칙으로 삼았다

사위를 둘러 보아도 목초지 들녘과 초원 숲 터널 아우라 뿐이다. 단촐한 복장을 한 젊은 여인이 번개 같은 걸음 걸이로 앞서 나간다. 어디 가는 걸음 걸이가 아니라 어디 다니러 갔다가 집에 가는 걸음 걸이다. 마을이 얼마 안 남았다는 징표다. 축지법을 쓰나. 비아 포지판 시진을 한 깃 찍고 나니 시야에서 사라졌다. 아 저기 보인다. 약간 굴곡진 소로길에 다시 나타났다. 잠시 가니 쉼터가 보이면서 저 높은 숲속 능선

위로 차인벨 종탑이 하늘 향해 솟아 있다. 이 나라는 어느 마을을 진입하던 간에 항상 성당 종탑 내지는 차인벨 종탑이 목도된다. 참으로 신심이 굳건한 신자들의 나라 모습이라 생각한다. 옛날 한국을 찾는 외국인들이 김포공항 착륙 직전 밤하늘 아래 수 놓아진 빨간 불빛에 관심을 갖고 내려서 그 불빛이 교회 뽀죡탑 위에서 빛나는 십자가 전광판이라는 소리를 듣고 감탄하면서 곧 그 크신 은혜가 현재顯在하리라고 했다는 이야기들을 전해 들은 바 있었는데 바로 이 나라 이곳도 우리와 너무나 똑같이 닮은 것이다. 이게 바로 하늘에 영광 땅에 평화 아니겠는가.

(17:24 마을 진입 *Campagnano di Roma*) 오늘 구간은 참 긴 여정이었다. 중간에 알바를 좀 했다. 손목시계*fenix 7X Sapphire Solar*의 GPS 기록을 보니 걸은 거리 30.69km, 걸린 시간 11시간 45분으로 마크되었다. 마을 진입로가 아스팔트 포장도로로 시작되건만 참으로 가파르다. 눈비가 몰아 칠 때 자동차 바퀴가 과연 굴러서 올라갈까 궁금할 정도다. 배낭 무게로 처진 어깨를 앞으로 잔뜩 숙이며 한참을 올라갔다. 운치 있는 집들 베란다에 매달려 있는 화분에는 이쁘디 이쁜 꽃들이 만개해 있다. 마치 이 처럼 늦은 오후 시간에 지친 심신을 끌고 마을로 진입하는 비아 순례자들을 환영이라도 하듯이 말이다. 숙소앱을 검색하여 GPX 위치점의 도착점 위에 위치한 숙소 *Casablanca*(€70.00)를 예약했다. 30분 정도의 거리에 위치해 있었다. 구글 지도도 가동시켰다. 이 마을 주 간선 도로를 따라가면 될 것 같다. 숙소는 이 도로 변에 위치해 있었다. 이 간선 도로는 깔끄막 구릉지의 안부를 타고 도로가 형성되어 있었다. 오지 마을임에도 도로 포장은 이탈리아의 일반적인 마을 안길 도로 포장 마냥 편편한 돌판으로 모자이크하듯 잇대어 깔끔하게 깔아 놓았다. 눈비가 와도 도로가 질퍽해 질 일이 없게 되어 있다. 눈비만 오면 질퍽하여 사람이 다닐 수 없

는 상황을 표현하는 우리네 말 '마누라 없인 살아도 장화없이 는 못산다'는 그런 도로가 아니다. 도로를 닦은 지가 로마 시 대까지 거슬러 올라가고 깔린 돌 하나 하나가 수백년씩 되었 단다. 폭우가 쏟아지는 상황을 못 보아서 잘은 모르겠으나 도 로 공사에 쏟는 정성으로 비추워 볼 때 배수 역시 끝내 주리 라 생각된다. 대한민국 상위권 인간들이 사는 지역들이 집중 폭우만 쏟아지면 졸지에 수재민 거주촌이 되어 버리고 값비 싼 외제차들이 물 속에서 잠수함 시늉을 할려고 하는 우리네 와는 사뭇 다르다.

(18:09 숙소 도착) 숙소 지번은 출입문 위에 표시되어 있다. ---28,29,30,31,--- 일련번호로 쭉 연결되어 있다. 31번을 찾 았다. 1층 현관 출입문이 열려 있고 문옆에 인터폰이 있다. 명함 크기의 스피커는 있는 것 같은데 호출 버튼은 없다. 5~6 층 건물에 1개 층마다 몇세대가 함께 사는 다세대 같은데 몇 층 몇 호일까. 3층까지 올라갔다 다시 1층 현관으로 내려와 인터폰을 살펴보아도 이것으로 세대 호출을 할 수 있는 방법 이 인지가 안되었다. 예약앱의 나의 예약을 열어 거기에 표 시된 전화 번호 아이콘을 눌러 통화를 시도하였다. 로마 공항 에서 영국 유심으로 바꾼 이후 처음 통화였다. 잘 되려나. 신 호음이 가자 몇 회만에 마담 목소리가 난다. 이름을 대고 예 약한 사람이라고 하자. 2층으로 올라오라는 소리 같다. 이들 이 말하는 2층은 우리로는 3층이다. 3층으로 올라가 다시 전 화하여 문앞에 도착했다고 하자 3세대 중 아까 기웃거리면서 문을 두드려 볼까 했던 그 집이다. 마담이 체크인을 한다. 안 내 받은 방은 일반 살림방이다. 보아 하니 이 숙소도 개인집 을 순례자 숙소로 숙소앱에 런칭하여 판매하는 모양이다. 샤 워장 하장실을 안내 받고 배낭 여장을 풀었다. 조식은 기본 제공이고, 앱상에서 저녁 식사를 원할 경우 주문하라는 안내 가 있기에 추가요금(€10)을 지불하고 저녁 식사를 주문하

나홀로   목초 더미

마을 차인벨 종탑

수트리 24,5 km 캄파냐노 디 로마

였다. 안내 받은 샤워장에서 몸을 씻고 간단히 옷가지를 빨아 널고 아까 도착하면서 보아 둔 미니 슈퍼마켓으로 내려가 생수, 우유, 바나나 등 간단히 장(€8.00)을 보았다. 다시 숙소로 올라와 나갈 때 갖고 나온 숙소 현관 키를 구멍에 넣고 돌려도 도대체 열리지가 않는다. 아까 키를 넘겨 받으며 설명을 자세히 해달라고 할 걸 그랬나 보다. 손가락이 쥐가 날 정도로 돌려도 안된다. 다시 전화로 마담을 호출하였더니 잠시 기다리란다. 한참을 기다려도 문이 안 열려 다시 전화를 하니 층계를 올라오면서 전화 받는다. 마담도 다른 곳에서 장보기를 했는지 커다란 비닐 백을 들고 있다. 문 키를 건네주니 한 방에 열린다. 가르쳐 달라니 설명을 하며 시범을 보인다. 두 바퀴 돌린 후 약간 이격을 두고 앞으로 살짝 당긴다. 철커덕 하며 문이 열린다. 나도 다시 따라서 해보니 정말 열린다. 마담이 엄지척 하여 나도 따라 엄지척 하며 서로 마주 보고 웃었다. 잠시 침대에 대자로 누웠다. 깜빡 잠이 들었다. 눈을 뜨고 일어나 앉았다. 이런 젠장. 선글라스를 그냥 깔고 드러 누웠었구나. 조심성이 없어졌다. 심신이 지친 탓일까. 안경이 파전 마냥 되어버렸다. 선글라스겸 다촛점 안경이기에 여분의 안경은 가져오지 아니했는데 이를 어쩌지. 그건 그렇고 마담이 저녁 밥 먹으라고 부르지를 않는다. 어찌된 일이지. 주방 쪽으로 가려니 불이 꺼져 있고 주인 마담이 거처하는 방문도 굳게 닫혀 있다. 시간 지나면 무효인가. 방문을 두들겨 저녁밥 달라고 하기도 거시기해서 그냥 다시 내방으로 돌아와 슈퍼에서 사온 것, 배낭 속 비스켓 부스러기 및 캔디 등을 입에 털어 넣고 물로 배를 채우고 잠자리에 들었다. 간단하게 오늘 일상을 기록하고 오늘의 영상을 유튜브*(https://youtu.be/sHRXrPMn3Ew)*에 올렸다.

캄파냐노 디 로마 *22,8km* 라 스토르타

2023-08-12 토 청명함 최고:33℃ 최저:18℃° 일출06:14

(캄파냐노 디 로마Campagnano di Roma) 캄파냐노 디 로마는 로마에서 북서쪽으로 약 30킬로미터 떨어진 이탈리아 라치오주 로마현에 위치한 코무네(기초지방자치체)이다. 990년경 로마에서 돌아오는 길에 캔터베리 대주교 시제리크가 이곳에 머물렀다. Campagnano di Roma는 Anguillara Sabazia, Formello, Magliano Romano, Mazzano Romano, Nepi, Rome, Sacrofano, Trevignano Romano와 같은 기초자치단체이다.

(07:09 숙소 출발) 04:30 눈을 떴다. 7시간 좀 못 잔 것 같다. 이리 뒤척 저리 뒤척. 객지에 나와서 숙면을 하는 습관처럼 복 받은 일도 없을 것이다. 아내와 통화를 하고 나니 딱히 할 일이 없다. 지난 영상 기록을 다시 한번 일별하였다. 유튜브에 올린 영상들을 보며 드론기를 띄워 촬영하여 영상에 추가했었으면 더 멋졌으리라는 생각을 하였다. 사실 이번 순례를 구상하면서 전문 영상 촬영 기사를 대동하고 다니면서 순례 영상을 만들어 볼까도 생각해 보았지만 부질없는 생각이 들어 마음을 접었었다. 모두 나홀로 방식을 원칙으로 삼았는데. 주방 쪽은 인기척도 없다. 아침 밥도 안주려나. 새벽부터 안방 문을 두들겨 밥 달랄 수도 없고. 딱 저스트 온 타임*Just on time*으로 식사 시간을 약속하지 않은 나의 불찰이다. 행동식으로 대충 배를 채우고 숙소를 나섰다. 이곳 마을은 코무네(기초지방자치단체)이고 로마와 지척인 곳에 위치해 있지만 오지 벽지 마을 같은 느낌이다. 숙소에서 와이파이가 안 된단다. 하루 일상을 준비하는 손길들은 바쁘다. 청소차가 믹싱기를 돌리며 도로를 천천히 훑어 나가고 있다. 배달 차량들도 서다 가다를 반복하며 배달하기 바쁘다. 한적한 아침. 비아길은 마

캄파냐노 디 로마 22,8km 라 스토르다

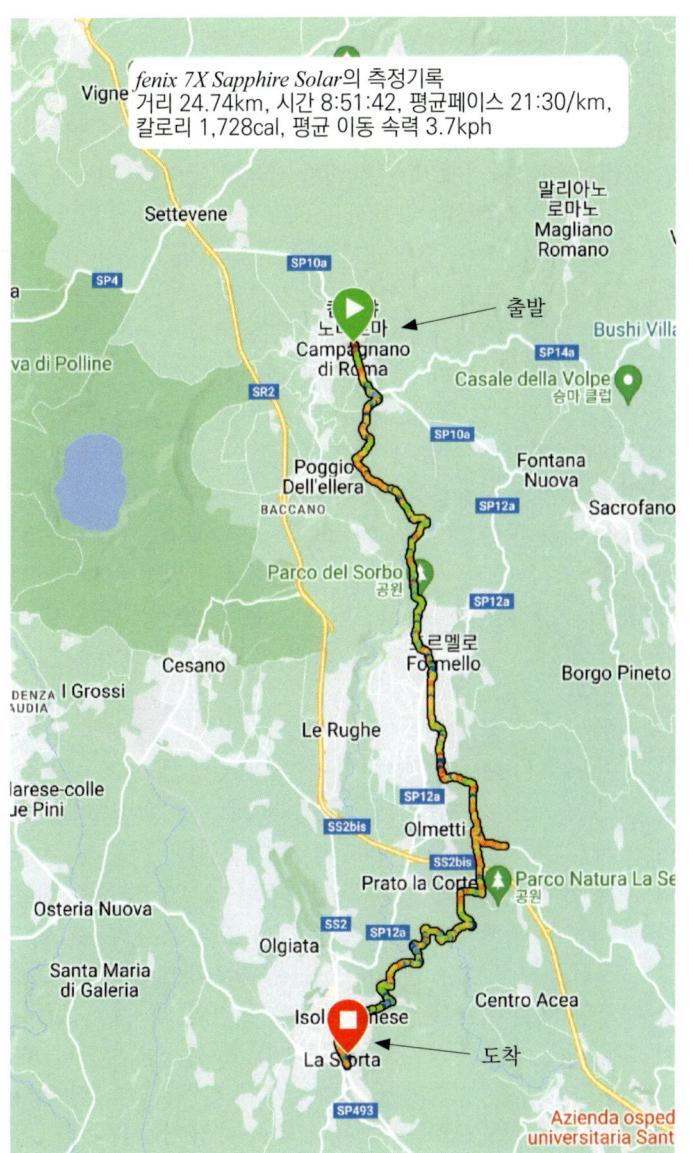

캄파냐노 디 로마 22.8km 라 스토르타

을 성문을 뚫고 이어지는 간선 도로를 비껴 나가 내리막 길로 접어든다.

(우회) 보도가 없는 차도 갓길을 타고 오르는데 GPX 위치점이 이탈하여 반짝거린다. 어찌된 일이지. 위치점이 이탈하면 알바로 이어지기에 비상 사태가 발생한 것이다. 발길을 돌려 오던 길로 내려가며 위치점을 GPX 트레일에 맞추었다. 차도 건너편에 보이는 비아 표지판이 언덕바지를 가리키고 있다. 흙부스러기가 흘러내리는 비탈길을 나무 가지 등을 잡고 점프하듯 올라섰다. 나무 가지들로 휘늘어진 등로를 고개 숙이며 전진하였다. 얼마 안 가 비아 싸인이 차도 방향으로 내려가라고 가리키고 있다. 아하 보도가 없는 구간을 우회 시킨 것이다. 간간히 차량들이 질주하고 있다. 차량이 붐빌 때는 꽤 위험이 도사린 구간인 것 같다. 순례자들의 무사 안녕에 많은 배려를 한 것 같다. 비아길은 초원 목초 지대에 진입을 한다. 도시나 시골이나 사람 사는 동네가 별반 다를 바 없듯이 곡식 자라는 들녘, 생명력 넘치는 초원 목초지가 별반 다를 바 없다. 어제 봤던 바로 그 자연 풍광들이 오늘도 펼쳐지고 있다.

(생명의 대지) 농부가 집채만 한 트랙터를 몰고 농장으로 가고 있다. 농부의 얼굴은 반짝이는 눈동자만 아니었다면 트랙터 몸체로 인식되리 만큼 검붉게 거슬려 있다. 저 농부 양반의 손길 덕택에 얼마나 많은 생명체들이 일용할 양식을 제공받고 있을까. 농사일 만큼 거룩한 일이 또 있을까. 못난 소나무가 선산을 지킨다는 말처럼 오늘도 우직하게 농부로 살아가는 고향 마을 형제들에게 고마움과 존경의 마음을 금할 길이 없다. 톨스토이는 농부의 삶을 그렇게도 동경하였단다. 마지막 숨을 거두는 순간까지 농부의 삶을 찬양하였다. 강렬하게 내리 쬐는 햇볕으로 인해 온갖 것이 이글거리고 있다. 아

마을 차인벨 종탑　　　　　마을간선도로 - 언덕배기 능선 안부

마을 골목길　　　　　　숙소 창문 으로 조망

캄파냐노 디 로마 22,8km 라 스토르타

니 영글어 가고 있다. 이글거리는 한 낮, 백색의 한 낮. 우박보다 더 강하게 쏟아지는 새 하얀 햇볕에 눈이 다 부시다. 어미 말이 새끼 말에게 자기 몸집으로 그늘 만들어 주며 휑한 들녘의 외로워 보이는 가냘픈 나무 아래에서 햇볕을 피하고 있다. 나홀로 바이커가 비탈진 오르막 노새 돌길을 지그재그 패달질하며 열심히 오르고 있다. 유튜브 1분 짜리 Short영상 *(https://youtube.com/shorts/9CBE2fcfXOs?feature=share)*을 즉석에서 만들어 업로드시켰다. 지나가고 있는 비아 길목이 외지 초원 목초지 대이건만 영상 업로드 속도가 우리네 속도와 별반 다르지 않다. 수확을 마친 넓은 들녘에 나무 그늘이 있기에 잠시 휴식. 통상 하루 온종일 주행을 하는 경우 점심 식사 중에만 앉고 그외는 서서 쉬거나 걸어가며 행동식을 섭취하는 주의인데 여기 와서는 벌러덩 드러 누워 휴식을 취하고 있다. 비가 거의 안 온다는 일기 예보에도 불구하고 판초 우의를 준비해 온 이유다. 배낭을 부리고 판초 우의를 깔고 양쪽 양말 다 벗어 제끼고 하늘 보고 대자로 누웠다. 새파란 하늘을 올려다 본다. 솜털 같은 구름이 군데군데 걸려 있다. 일군의 바이커 무리들이 웅성웅성 지나쳐 간다. 가면 상태로 눈을 감은 채 있다가 잠시 후 다시 배낭을 갖추고 길을 나섰다. 우마차가 교행할 정도의 제법 넓은 노새길인데 철문으로 막혀있고 문고리에 빗장이 매달려 있다. 아하 이 길도 사유지인 듯. 빗장은 벗겨진 상태여서 철문을 밀고 닫은 후 걸음을 옮겼다. 한참 후 다시 똑같은 철문이 나타난다. 다시 철문을 밀고 닫고 걸음을 옮겼다. 우리네 백두대간 길도 군데군데 인위적으로 막아 놓았다. 사유지 이유도 있지만 생태계 보존 차원이란다. 과연 인위적으로 막는다고 대간길이 얼마나 훌륭해질까. 도대체 대간 길목에 채석장을 허가해 준 이유는 생태계 보존 차원과는 다른 것인가. 고급 선불을 짓는데 있어서 대간길 돌이 매우 좋아서 그런 것인가.

　　언덕 사면 밀밭 길을 따라 비아길은 이어진다. 사면 아래

뙤약볕 속 나홀로 순례자의 발걸음

라스토르타 언덕배기 조망

세천 폭포 및 애견 부부

캄파냐노 디 로마 22,8km 라 스토르타

개울에서 일군의 사람들이 첨벙이며 한 낮 더위를 식히고 있다. 한 부부가 그늘 아래에 돗자리를 깔고 한가한 시간을 보내고 있다. 나에게 뭐라고 말하는 것 같기에 나도 건성으로 고개를 끄덕였다. 운치 있는 폭포가 눈에 들어온다. 이번 순례 출발전 전지 훈련 차원에서 지리산 중산리 천왕봉 유암 폭포 루트를 다녀왔는데 이 폭포가 유암 폭포를 다시 떠올리게 한다. 중년 부부가 멧돼지 닮은 거대한 애견을 각각 한 마리씩 이끌고 있다. 애견을 대동한 사람들이 몇몇 더 눈에 띈다. 그 부부가 한국산 SUV차 뒷문과 해치문을 열고 애견을 태우려고 애쓰고 있다. 세상에 그리 큰 애견 두마리를 기여코 구겨 넣어 버렸다. 저 개들 고개가 온전하려나.

사람들이 많이 보이기에 마을 주택지가 얼마 안 남았으리라 짐작했는데 아니다. 백색 하늘 아래 노새 돌길을 엉금엉금 걸었다. 내 연배 쯤 되어 보이는 노신사 순례자도 힘겹게 아장아장 발걸음을 내디디며 서로가 앞서거니 뒤서거니 하며 걸었다. 비아길은 파도 처럼 구릉지를 오르내리며 계속 이어진다.

(15:55 오늘 일정 마감) 시작이 있으면 끝이 있는 법. 언제쯤 끝나려나 했던 오늘의 여정길도 마감 시간이 다 되어간다. 숙소 도착 시간이 바로 여정 마감 시간이다. 숙소 예약 앱을 열어 비아 길목에 위치한 숙소*Hotel Cassia*(€111.50)를 예약했다. 대충 1시간 여가 지난 후 구글 지도를 실행을 했다. 친절한 구글지도는 10여분 750m 거리에 있다고 안내한다. 어찌된 일인지 가끔 GPX와 구글 지도가 서로 충돌하는 것 같다. 두 앱을 함께 가동 중 구글 지도를 검색하면 엉뚱한 트레일을 화면에 나타낸다. 지구 궤도에서 보내지는 GPS 위성 전파를 서로 먼저 당겨 쓰려고 해서 그럴까. 여하튼 GPX를 꺼야 구글 지도가 제대로 작동하는 것 같다. 귀국해서 기술적으로 한번 알아봐야겠다. 비아길은 차량들이 끊임없이 질주하는 차도로 이

어진다. 갓길 없는 차도변을 걸었다. 가다 옆으로 멈추어 서다를 반복하며 나의 숙소를 향했다. 체크인하였다. 이 숙소는 가정집을 개조한 것이 아닌 일반적인 여행자용 호텔이다. 더블 침대가 방 전체를 차지 하고 있으나 있을 건 다 있다. 단독 작은 바렌다도 있다. 빨래 건조대만 있다면 흙먼지 땀내로 찌든 밀린 빨래감을 다 빨아 널어도 될 것 같다. 장기간 일정의 순례시에는 빨랫줄과 집게를 갖고 다니면 유용하다. 대신 좀 부지런 해야 하지만. 인근 슈퍼마켓에서 장보기(€26.02)를 하였다. 순례중 장보기를 가장 크게 한 것 같다. 뜨거운 국물이 간절하던 차에 숙소에 커다란 커피 포트가 있기에 이탈리아식 컵라면 2개를 가장 먼저 사서 장바구니에 넣었다. 배터지게 먹고 나니 세상 부러울게 없구나. 그리고 나만의 공간에서 조용한 가운데 자기 자신을 가늠할 수 있는 이 여유. 참으로 그 크신 은혜 덕분이다. 오늘의 일정을 간단히 메모하고 오늘의 영상을 유튜브*(https://youtu.be/u91NdJ5ar_0)*에 올렸다.

↑

캄파냐노 디 로마 22,8km 라 스토르타

라 스토르타 *19,1km* 로마

2023-08-13 일 맑음 최고:32℃ 최저:18℃ 일출06:16

라 스토르타La Storta는 이탈리아 수도인 로마의 51번째 구역이다. 이 La Storta ('곡선' 말 그대로 '비틀린' 또는 '구부러진') 라는 이름은 Via Cassia가 정착지를 통해 만드는 일련의 곡선을 나타낸다

(07:07 조식) 새벽에 일어나 아내가 좋아하는 치킨 반반을 배민앱으로 주문하였다. 한국 시간으로 점심 시간 무렵에 배달된다는 알림이 뜬다. 아내는 이번 처럼 오랫동안 집에 혼자 있기는 처음이라며 밤이면 무서워 잠을 못 이룰 것이라고 몇 번이나 말을 한 바 있기에 이곳에 와서도 한국 시간으로 밤 시간대가 되면 괜히 신경이 쓰였다. 우리 집은 아파트 단지와 대단위 빌라촌으로 둘러쌓여 있다. 이제 살 날이 살아온 날에 턱없이 못 미치는데 이 나이에 나홀로의 고행을 자초하다니 아무리 생각해 봐도 참으로 별난 사람이라는 생각을 지울 수 없다. 다른 보통 노인들처럼 일상을 보내면 어디 덧나냐. 숙소 별채에 있는 식당에서 조식이 기본으로 제공되었다. 룸 넘버를 대고 간단히 요기를 하고 길을 나섰다. 오늘은 성베드로 광장에 도착하는 여정이다.

(이생각 저생각) 나의 이번 비아길 순례를 전해 들은 일부 지인들은 멋지다 칠순 나이에 멋진 인생 보내고 있다고들 했는데 글쎄다. 과연 그럴까. 헛된 고뇌 속에서 허우적 거리는 불쌍한 한 중생에 불과하다는 생각을 지울 수 없다. 벗어나고 싶지만 헤어날 수가 없다. 무엇에 집착하는가. 무엇이 나를 이리 붙잡고 놓아주지를 않는가. 가끔 이것 저것 살아온 삶의 궤적들을 더듬어 보는 시간을 가져보곤 하는데 이 또한 참으

라 스토르타 19,1km 로마

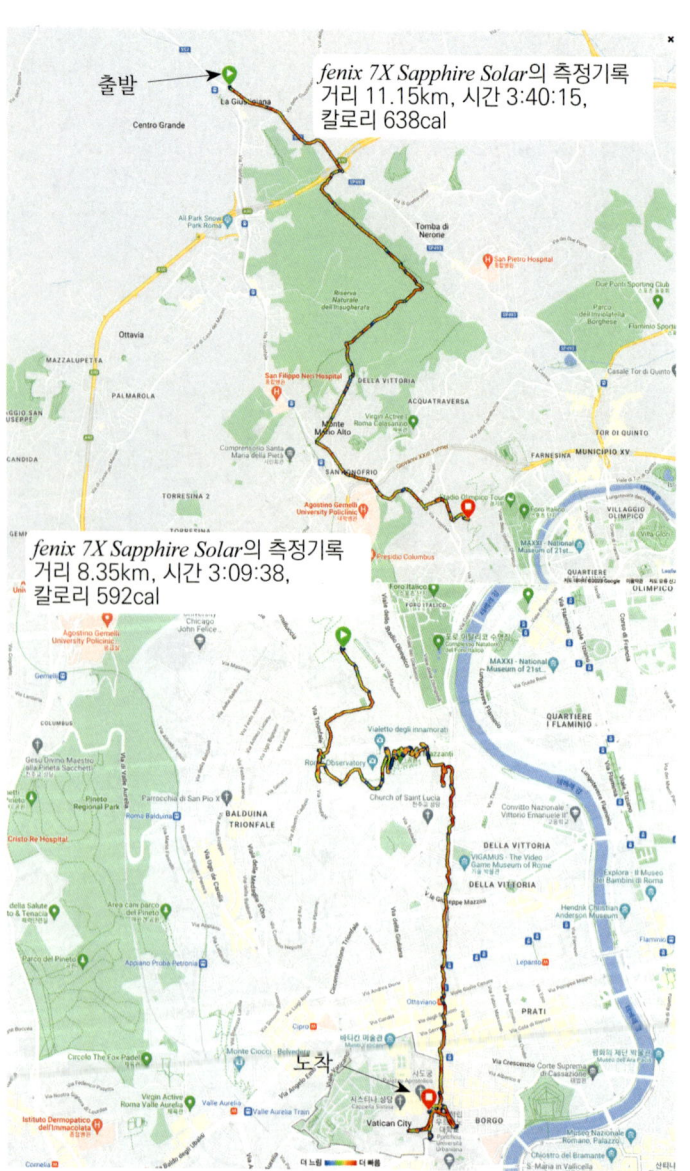

라 스토르타 19,1km 로마

로 피곤하고 부질없는 것 같다.

(일상의 한 모습) 갓길이 없는 차도로 비아길은 이어진다. 나 홀로 조깅 중인 여인이 땀을 뻘뻘 흘리며 지나간다. 우아한 모습의 노부인이 손주뻘되는 젊은이들과 함께 싸이클링 군을 이룬 채 총알 처럼 지나간다. 참으로 자전거 타기를 좋아하는 나라이다. 비아길을 걷다 보면 헬멧과 멋진 선글라스와 레깅스 복장을 갖춘 싸이클링족들이 여기저기 심심치 않게 눈에 띈다. 붐비는 도로. 한적한 도로. 숲속 노새길. 비포장 돌길 등 여기 저기. 오징어포 마냥 되어버려 배낭 속에 넣어둔 선글라스가 멀쩡했다면 나도 좀 멋지게 쓰고 주행하고 있을 텐데. 로마에 가까워지면서 사위를 둘러보면 고만고만한 마을이 먼치로 조망이 된다. 숙소 출발시 페늑스$fenix$ 손목시계의 하이킹 작동을 했어야 했는데 어찌 깜빡하였다. 한참 주행한 연후에야 작동을 시켰다. 아니 그런데 갑자기 전원이 바닥이 나더니 셧다운 되었다. 솔라 충전 기능으로 아웃도어에서 1달이상 버틸 수 있다고 요란스레 선전하더니만 완전 뻥이다. 1주일도 못 버틴 것 아니냐. 그 1주일은 구름 한점 없이 햇빛만 쏟아지지 않았던가. 기백의 고가 기기가 이럴 수가. 매뉴얼 설명을 정확하게 수정하라. 오늘 낮동안 가동할 정도만 휴대용 배터리로 충전을 시켜서 다시 하이킹 작동을 시켰다. 평소 기록을 중시하는 스타일인데 가장 하일라이트 마지막 구간의 GPS기록을 못하게 되다니 참으로 열불이 난다.

(다시 숲속으로) 이른 아침 화초 업자가 각양 각색의 화초류 및 채소류 모종을 리어카 좌판에 한가득 벌여 놓은 채 팔고 있다. 이른 시간으로 인적이 한가한 도로변인데도 불구하고 여러 사람들이 모여서 모종을 고르고 있다. 나도 잠시 구경하다가 다시 길을 재촉했다. 볼 때마다 걸음을 걸을 때마다 느끼지만 마을 안길은 어귀까지 돌판을 잇대어 깔아서 만들

어 놓았다. 일일이 사람 손길을 거쳐서 만들었을 것이다. 반면 마을로 진입하는 외부 도로들은 아스팔트로 닦여져 있다. 아스팔트 공법이라는 도로 닦는 신기술이 발명되어 여기저기 적용되었을 것인데 이 나라 마을 안길들은 신공법을 거부하고 옛 도로들을 그대로 보존시켜 오고 있는 것이다. 옛것을 존중하고 조상들의 행적을 중히 여기는 이들의 민족 정신의 한 단면을 보는 것 같다. 우리는 어떻지 하고 한번 생각해 본다. 지금 세대들은 초가집이 어떻게 생겼는지 모른다. 유럽의 여러 도시에 옛날 전차가 아기자기한 자태로 굴러다니는 모습들이 우리네 종로통에서나 뚝섬 왕복 구간에서도 있었다는 사실을 지금 세대들은 실감을 못한다. 옛 것을 하찮게 여기고 개발이라는 명목하에 죄다 쓸어버린 우리의 옛 자취가 어디 한둘일까. 비아길은 노새길로 바뀌며 숲속으로 진입을 한다. 군락지가 나타나고 눈에 익은 야생화가 지천에 널려 있다. 바쁜 걸음 멈추고 검색을 하니 그래 치커리꽃이다. 수입산 꽃들의 이름은 곧잘 알면서 우리네 금수강산에 널려 있는 야생화 이름에 대해서는 나부터도 참으로 무관심하다. 언제부턴가 우리나라 산줄기를 이곳저곳 다니면서 눈에 띄는 야생화를 즉석에서 검색하는 버릇이 생겼다. 좋은 버릇이라고 생각되어 주위에 권하고 싶다. 아내도 가끔 나를 따라 한다. 스마트폰을 갖다대면 된다.

(멧돼지 조심) 어찌 좀 이상하다. 일반 저택의 철대문 안으로 비아길은 이어진다. 초인종을 눌러야 하나. 정문에 붙어 있는 안내문이 출입 방법을 알리는 공지문인가. 번역기로 검색하니 멧돼지 조심하라는 경고문이다. 좀 헷갈린다. 철대문을 열고 안으로 들어가는데 울타리 안에 멧돼지가 있다는 것은 멧돼지를 방목하고 있으니 조심하라는 이야기 같기도 하다. 멧돼지 코뚜레질 소리는 대간길 등 우리네 산야에서 산행 중 몇 번인가 직접 들은 바 있지만 직접 마주친 적은 없었다. 오늘

잘 못 하다가는 멧돼지와 마주치겠구나. 등골이 바싹 당긴다. 등로는 일반적인 비아길 숲속 길과 다를 바 없다. 헌데 웬 철대문을 통과하도록 한 것이지. 비아길이 사유지 한 가운데를 관통하는 구간을 그간 꽤 지나왔다. 순례자 가는 길을 사유지를 피해 우회시키지 않고 전통적인 비아길을 고수하고자 하는 마음 씀씀이 그리고 땅주인의 아름다운 배려가 엿보인다. 깔끄막 구릉지를 타고 길은 계속된다. 안부 능선 위로 새파란 하늘이 줌인하며 나타난다.

(언덕에서 로마 조망) 언덕배기에 올라섰다. 로마 전역이 내려다 보인다. 대성당 돔Dome이 아스라이 조망된다. 참으로 장관이다. 3인 일행이 뒤이어 도착한다. 3부자 같다. 현지인 같다. 연로한 선임자가 묻는다. 중국인이냐 일본인이냐 묻는다. 한국인이라고 하자 북쪽이냐 묻는다. 남쪽이라고 대답하였다. 참으로 자주 반복되는 씁쓸한 질문과 답변Q&A이다. 자주 하는 질문FAQ항목에 올려 놓아야 할 판이다. 젠장. 어서 통일을 해야지. 제 역할도 못하는 통일 부처. 통일 부처를 왜 만들었는지 모르겠다. 열심히 노력들을 하는 것 같기는 한데 글쎄다. 국민의 혈세로 밥만 축내고 있는 꼴 아니냐. 어서들 밥값 좀 하라. 아이폰을 넘겨 주며 로마를 배경으로 사진을 찍어 달라고 부탁하였다. 나도 답례로 3인 합동 사진을 찍어주겠노라하니 사양한다. 그래요. 그간 이곳을 많이 지나다니고 사진도 많이 찍었다는 반증인가.

이 언덕배기를 차지한 자들이 로마의 주인이 되었을까. 이 땅도 수천년간 침략의 역사를 이어오면서 피바다 불바다가 되어왔을 것이다. 우리네 전설에 의하면 '북한산을 얻는 자는 이 땅(중원)을 얻는다'라는 설이 회자되었었는데 이는 삼국시대부터 중원을 차지하는데 있어서 북한산 일대가 국토방위상 대단히 중요한 요충지로 인식되었기 때문이란다.

잠시 역사 기록을 펼쳐보자. 우리네는 우리나라를 빼앗

으려는 외세의 침략을 931회를 받았다. 시대별로 구분을 하면, 상고시대 때 11회(중국측 기록만으로), 삼국 및 통일 신라시대 때 143회(대륙에서 110회, 해양에서 33회), 고려시대 때 417회(대륙에서 125회, 해양에서 292회), 조선조시대 때 360회(대륙에서 192회 해양에서 168회)이다. 이같은 931회 국난 가운데에서 몽고족의 침략은 전후 만 40년 걸렸고 거란족의 침략은 전후 27년이었으며 다시 당의 침략은 전후 20여 년이었고 일본 왜의 침략까지도 저 임란 하나만 따져 무려 7년이나 걸렸다. 그래서 931회의 국난이 실제 이 나라 역사를 짓밟은 도전의 총시간은 931년이 아니라 그 이상 천년도 훨씬 넘는다. 4천년 남짓한 역사 위에서 천년이 훨씬 넘는 수난의 역사, 그것은 한마디로 우리들 온 민족사의 4분의1 이상이 주체성의 상처로 얼룩졌다는 애달픈 사연이요, 다시 우리들 한민족은 역사 위에서 매 4년에 1번씩 예외없이 쓰라린 국난과 싸워야했다는 실로 안타까운 현장인 것이다. 세계사에서 이같이 괴로운 민족사는 찾아보기가 어렵다. 하지만 우리는 이같이 기구한 민족사 앞에서도 우리만이 분명히 내릴 수 있는 위대한 결론이 하나 있다. 그것이 바로 우리들의 역사 위에 입혀진 931회의 국난을 우리는 단 한번도 빼놓지 않고 모두 한결같이 물리쳐 이겨나왔다는 바로 위대한 주체성 승리의 결론인 것이다. 영원한 우리나라 위대한 우리 겨레.

    언덕배기 사면을 따라 잡목들 사이로 소로가 나 있다. 로마가 내려다 보이는 곳 치고는 사람 발길이 그다지 잦은 것 같지는 않다. 자연인의 집인가. 소로 변에 작은 문이 숨어 있다. 문 뒤로 벙커 닮은 집 한 채가 웅크리고 앉아 있다. 무허가 건물은 아니겠지. 평소 TV 자연인 프로를 볼 때면 저 집들이 무허가 건물이 아니였으면 하는 생각이 들곤 하는데 이 곳 자연인 집을 보면서도 같은 생각이 들었다. 언덕배기 정원이 나타나고 수령이 꽤 되어 보이는 고목 나무 한 그루가 키 작은 푸른 나무들을 내려다 보듯 하늘 높이 솟아 있다. 다시 로

치커리꽃 군락지

이 꽃은 '치커리꽃'일 확률이 **99%** 입니다.

성좌를 향해 멍때리기

언덕배기 집들   저기가 그곳

라 스토르타 19.1km 로마

마 전역이 조망된다. 참으로 어메이징한 파노라마가 망망대해처럼 펼쳐져 있다. 인적이 끊긴 뙤약볕 언덕배기 정원 돌길을 나홀로 내려 간다. GPX트레일이 라면발처럼 꼬불꼬불 보여지기에 전파 충돌로 인해서 그럴 수 있겠다 했는데 아니다. 몸통을 180도 회전하기를 십 수차례 하였다. 지그재그 돌길을 돌고 돌아서 내려간다. 마차들이 겨우 교행했음직한 도로 폭이다. 자동차도 통행이 가능해 보인다. 나무 숲이 통째로 도로를 덮힌 곳에서는 직벽에 가까운 옆 사면을 나무가지 덩굴을 제치고 미끄러지며 내려갔다. 인적이 끊긴 이유가 바로 이 때문이군. 라면발 길이 끝나고 철대문을 벗어났다. 바로 주택 상가 밀집 지역이고 간선 도로 건널목을 몇번 건너 드디어 성베드로 광장으로 연결되는 천사의 도로 Viale Angelico로 진입하였다.

화살이 날아간 궤적처럼 곧게 뻗어나간 도로를 한참 걸었다. 사람 왕래가 뜸하다 했더니 성베드로 광장에 다가갈 수록 인파로 붐빈다. 이 도로를 통해 그 옛날 개선 장군들이 메멘토모리 Memento mori가 외쳐지는 가운데 의기 양양하게 행진했으리라. 영화 벤허 속에서 어느 개선 장군을 열열히 환영하던 군중들의 함성 소리가 환청처럼 들려온다. 우리네 정치권에도 메멘토모리의 경고음을 잘 새겨 들어야 한다. 메멘토모리는 죽음을 기억하라는 소리다. 개선했다는 영웅심을 오버하여 겁없이 권력을 탐하려 들면 죽임을 당하게 되니 조심하라는 경고 메세지인 것이다. 비록 권력에 빗대어 생겨난 용어이지만 모든 인간사에도 적용할 수 있는 경귀라 생각된다. 좋은 자리 있을 때 건강할 때 돈 있을 때 더욱 겸손하라. 조신하라. 인간은 죽은 후에 다시 평가받는다. 살아 있을 때 잘하자. 이 세상 천지에는 죽은 후에 엄한 심판을 받아 마땅한 인간들이 여기저기 널려있다. 착하게 살다 가자.

바티칸 시국(라틴어: *Status Civitatis Vaticanæ*, 이탈리아어: *Stato della*

대성당 돔 Dome 줌 인

대성당 돔 Dome 줌 아웃

라 스토르타 19.1km 로마

Città del Vaticano, 영어: *Vatican City*)은 이탈리아의 로마 시내에 위치하고 있으며, 국경 역할을 하는 장벽으로 둘러싸인 영역으로 이루어져 있는 위요지圍繞地 도시 국가이다. 바티칸 시국은 바티칸 언덕과 언덕 북쪽의 바티칸 평원을 포함하며, 총 면적은 0.44㎢에 인구는 수백 명에 불과한 극소 국가로서 면적으로 보나 인구로 보나 전 세계의 주권 국가 중 가장 작다. 서울시 여의도 면적의 대략 6분의 1 정도로 서울시 보라매 공원 크기와 비슷하다. 이전에 로마를 중심으로 이탈리아 반도 중부를 넓게 차지한 교황령(756-1870)이 있었으나, 19세기 이탈리아 왕국에 강제 합병되었고, 10년 후인 1870년에는 로마와 더불어 나머지 다른 지역도 모두 이탈리아에 합병되어 소멸했었다. 바티칸은 이 교황령의 회복을 목표로 한 1929년 2월 11일 라테라노 조약의 체결로 독립을 성취하여 오늘에 이른다. 교황이 통치하는 일종의 신권 국가로, 전 세계 로마 가톨릭 교회의 총본산이다. 바티칸 시국의 공무원들은 대부분 성직자나 수도자로 이루어져 있다. 국제 관계에서는 성좌*Sancta Sedes*로 호칭된다.

(15:22 성좌 입성) 성 베드로 대광장에 진입을 하였다. 수많은 중생들로 왁자지껄 북적이고 있다. 이들 중생들은 지금 이곳까지 와서 무슨 생각을 하고 있을까. 산띠아고 예를 자꾸 드는데 이곳 성베드로 대광장과 산띠아고 대광장의 모습들이 사뭇 다르다. 주관적인 느낌을 이야기하기 좀 그러니 기회가 되면 두 군데를 직접 들려 보고 한번 경험해 보면 어떨까 생각한다. 산띠아고는 12사도 중 최초의 순교자다. 사도행전 12장 1절로 2절에 '그때에 헤롯 왕이 손을 들어 교회 중에서 몇 사람을 해하려 하여 요한의 형제 야고보를 칼로 죽이니'라고 나와 있다. 스페인어권에서는 야고보를 산티아고*Santiago*로 불린다. 다시 이곳 이야기를 한다. 예수님의 12사도 중 맏형 격이었던 베드로는 이 장소 어디엔가 묻혀 있단다. 예수님을

돌고 돌는 가풀막 돌길　　　바티칸 시국 진입로

천사의 도로 *Viale Angelico*

라 스토르타 19.1km 로마

모른다고 오리발을 내밀며 한날 한시에 세번씩이나 거짓말을 하였다. 왜 그랬을까. 당신도 체포되어 죽임을 당할 까봐 그랬을까. 죽임이나 순교 당하는 것이 두려워서 그랬을까. 허나 그도 결국에는 체포되어 십자가형에 처해진다. 그는 기록에 의하면 내가 어찌 감히 나의 스승께서 당하신 십자가형과 똑같이 받을 수 있겠는가. 나를 더 혹독하게 거꾸로 매달아 십자가형을 해달라고 했단다. 우리네 가르침 말씀 중에도 '스승의 그림자도 밟지 않는다'는 말이 있다. 죽기 전 속죄인가. 이왕지사 그렇게 죽을 것을 왜 그리 비굴한 거짓말을 했을까. 비록 성인Saint 반열에 올라 추앙을 받고 있지만 그도 구원을 받아야 할 죄 많은 한 인간의 모습을 지녔던 것이다.

십자가형crucifixion은 로마 제국 시대까지 존재했던 악명 높은 법정 최고형이었다. 집행은 몇 단계를 거치게 되는데 제일 먼저 사형수에게 기절할 정도로 모진 채찍질을 가했다. 사형 집행용 채찍은 보통 수십 개의 가닥으로 이루어졌으며 쇠 구슬 날카로운 뼛조각 쇳조각 가시 등 온갖 위협적인 흉기들을 박아 넣었다. 전신은 혹독하고 무자비하게 난타질 당해 상처난 곳이 벌어지고 살이 찢겨져 나갔다. 이렇게 너덜거리는 사형수에게 직접 십자가를 짊어지게 하고 처형장까지 이동 시킨다. 십자가 형틀의 무게는 18~50kg으로 추정이 된다. 십자가를 짊어지고 사형장에 도착하면 속옷까지 모두 벗겨 나체로 만들었고 십자가에 눕혀지고 손목과 발뒤꿈치에 5~7인치의 초대형 대못을 박았다. 이 못의 크기와 더불어 손이란 부위 자체가 촉감이 가장 크게 발달한 곳이라 그 고통은 상상을 초월했다. 이제 마지막으로 사형수가 박힌 십자가를 세워 사형수가 죽을 때까지 방치하는 것으로 이 형벌은 끝이 났다. 그러나 사형수의 최악의 고통은 사실 이제부터 시작이다. 우선 못박힌 상처에 몸무게와 같은 힘이 가해져 고통이 극대화되기 시작하며 못에 잔뜩 끼었을 이물질로 인한 감염 때문에 파

성 베드로 St. Peter's Basilica 대성당 본당

성 베드로 St. Peter's Basilica 대광장

성 베드로 St. Peter's Basilica 대성당

라 스토르타 19,1km 로마

상풍이 일어난다. 게다가 못이 박힌 팔이 몸무게 때문에 점점 늘어나다 결국 양쪽 어깨가 탈골되며 이를 시작으로 온 몸의 다른 관절들도 시간이 지나면서 서서히 어그러지게 된다. 거기다 양 팔이 대못에 고정되어 있어 가슴에 압박을 받게 되고 호흡에 문제가 발생한다. 때문에 사형수는 생존본능상 몸을 들어 올려 숨을 쉬어야 하고 몸을 세우려면 못박힌 손목과 발목에 힘을 줘서 몸을 들어올려야 하니 상상을 초월하는 고통을 받게 된다. 그렇다고 해서 힘을 빼버리면 또 다시 숨을 못쉬는 상태로 돌아오고 결국 이 과정을 목숨이 끊어질 때까지 반복해야 한다. 현대의 연구에 따르면 십자가형의 수형자들은 못 박힌 상태에서 대략 1,000번 정도 기절했다 깨었다를 반복하며 이 과정은 그야말로 죽고 싶어도 죽을 수 없는 상태라고 한다. 이러한 육체적인 고통을 떠나 십자가형은 당시 수치와 혐오의 상징과도 같은 형벌이었고 백주대낮에 알몸으로 매달려 지나가는 행인들의 구경거리가 되었다. 게다가 채찍질로 인한 상처들이 세균 감염과 괴저 현상으로 인해 곪아 터져 진물과 고름이 흐르고 계속되는 출혈로 인해 상처투성인 전신이 썩어 들어가기 시작하였다. 이 때 풍기는 악취로 인해 주변의 벌레들까지 잔뜩 달라 붙게 되니 사실상 십자가에 매달린 시체나 다름없는 모습이 되어 버려 인간으로 태어나 더럽고 추한 몰골로 인간성을 잃은 채 죽어간다는 점에서 최악의 형벌이었던 것이다. 인간들이야 말로 참으로 악독하고 잔인한 생명체라는 사실을 절절히 느끼게 된다. 로마 제국의 멸망으로 십자가형도 역사 속으로 사라진 것으로 알고 있다.

(인증서 발급) 이리저리 여러 차례 반복하여 대광장을 거닐어 보았다. 1분짜리 유튜브 Short영상*(https://youtube.com/shorts/C4PILhImr4I?feature=share)*을 만들어 즉석에서 업로드하였다. 인증서 교부처를 찾아 보았다. 오늘은 일요일 지금 시간 16:00시를 지나고 있다. 가이드 안내문을 보면 평일 근무시간 09:00-

17:00에만 문을 연다고 하였기에 내일 아침 일찍 찾을 요량으로 일단 장소 확인을 해보기 위해 인포를 찾아 성좌 안내지도를 얻었다. 가이드가 안내한 인증서 교부처 *Opera Romana Pellegrinnaggi*를 찾았으나 이곳이 아니란다. 스탬프를 찍어주며 인증서를 받으려면 대성당 안으로 지금 입장하란다. 17:00시를 넘기고 있고 게다가 일요일이고 근무 시간도 아니지 않느냐고 되물었으나 아니란다 지금 대성당 안에 들어가서 인증서를 받으란다. 대성당 입장을 위해 많은 사람들이 줄을 서 있다. 인증서를 받고자하는 사람들은 아니고 나만 인증서를 받고자 줄을 선 것 같다. 검색대가 5개 정도 되었다. 33L 배낭을 등에 멘 채라 입장이 거부 당하는 것 아닌가 했는데 검색을 철저히 해서 통과 시킨다. 산띠아고 대성당은 배낭을 벗어 놓고 맨 몸으로 들어가야 한다. 1층 인포에서 순례자 여권을 제시하고 인증서를 발급받았다. 인증서 양식을 내밀며 이름과 날짜를 나보고 직접 기록해*(fill in)* 넣으란다. 발급 장소 등이 가이드 안내문과는 내용이 다르다. 이 시간 발급 받는 사람은 나홀로 뿐이다. 몇 년 전 산띠아고 순례증명서*Compostela*를 발급 받기 위해 길게 줄을 서서 한참을 기다렸던 기억이 났다. 감격을 추스리며 침착한 모습을 갖추고 2층 중앙 정문을 통해 안으로 들어갔다. 본당이다. 비유하자면 본당 바닥의 크기가 육상 계주를 해도 될 정도로 드넓다. 고개를 90도 꺾어야만 볼수 있는 천장도 화려한 문양들로 가득차 있다. 미켈란제로 등이 그린 문양들도 있단다. 본당 앞쪽에서는 미사가 진행되고 있다. 방문객들이 계속 들고 날고 있다. 이를테면 나는 지금 이탈리아가 아닌 다른 나라 바티칸 시국에 와 있는 것이다. 성베드로 광장을 벗어나면 다시 이탈리아로 넘어간다는 이야기다.

(이탈리아 숙소이야기 한번 더) 대성당을 벗어나서 숙소 예약 앱을 열고 광장 인근의 숙소*Borgo Pio 91*를 2박 3일간으로 예

라 스토르타 19,1km 로마

약(€303.58)했다. 내일 모레 15일 비행기로 집으로 돌아간다. 지난 11일 딸아이를 통해 수수료(€405.25)를 부담하고 대한항공 19일 환승편(FCO-FRA-ICN)을 15일 직항편(FCO-ICN)으로 변경하였다. 숙소는 광장 바로 코앞에 있어서 쉽게 찾았다. 숙소 번지인 91번지 건물의 1층 식당 및 노상 식탁이 식사 중인 사람들로 북새통이다. 종업원에게 물어보니 이 건물 맞단다. 출입구가 어딘겨 두리번 거리며 몇 발걸음 지나쳐 오자 숙소 주인 마담이 내 뒤를 따라오며 내 이름을 거명하며 맞냐고 한다. 1층 식당 옆문을 비밀번호를 눌러 열어준 후 3층으로 올라가면 체크인 안내자가 있다고 이야기를 한다. 그렇지 여기서 3층은 우리식 4층이렸다. 4층에 오르니 아들인 듯 애띤 대학생이 웃음지으며 공손히 맞이한다. 함께 있던 여자 친구가 호기심 어린 눈인사를 한다. 둘이 어디 외출하려다 식사 중인 엄마 대신 숙소 체크인을 돕게 된 것 같다. 영어를 꽤 능숙하게 한다. 이탈리아 사람들이 자존감을 앞세워 다른 나라 언어를 잘 배우려들지 않는다던데. 몇가지 편의 사항을 안내 받았다. 그 학생이 방 안내를 위해 열쇄 구멍에 키를 꼽고 열려고 애를 쓰나 열리지 않는다. 저런 이를 어쩌나. 몇 번을 시도하나 안된다. 며칠 전 나도 저런 방키 경험을 했었지. 내가 키를 건네 받아 두 바퀴 돌리고 약간 이격하듯 하니 철컥하고 열린다. 이 학생 멋쩍게 웃는다. 이 숙소도 일반적인 살림집을 여행자 숙소로 대여를 해주고 있는 것 같다. 몸을 씻고 땀에 저린 속옷가지를 빨아 널고 일단 침대에 드러누웠다. 시간이 좀 흐른 것 같다. 창문 밖을 내려다보니 골목길 노상 식탁들이 빈자리 없이 사람들로 가득하다. 1층 식당으로 내려가 오랜만에 스파게티와 따뜻한 레몬차 및 아구아를 주문하였다. 아구아가 이탈리아 발음으로 물인데 이 나라 식당에서는 맹물도 값을 지불해야 한다. 따뜻한 아메리카노가 간절했는데 아직 설사기가 남아 있는 듯 다시 재발 할듯 오락가락 해서 아예 참고 있다. 카페인이 설사를 더 촉진시킨단다.

그러고보니 한국을 떠난 후 커피 한잔을 아니 했구나. 스파게티 역시 참 맛있다. 이번 이탈리아에 온 후 처음 먹는 스파게티다. 한 그릇 더 주문하였다. 식사대(€30.50)를 지불하고 포만감에 겨워 동전 한잎(€5)을 팁으로 주었다. 로마에 있는 동안 소매치기 당하지 않게 하여 주시기를 기원하며 보시의 의미로 팁을 여러 군데에서 네댓 번 주게 된다. 근처 미니 슈퍼에 들려 컵라면을 포함해서 이것저것 장보기(€21.75)를 하여 숙소로 돌아 왔다. 물품들이 약간 비싼 듯. 로마 한 복판이라서 그런가. 식사 전에 유튜브에 올린 오늘의 영상*(https://youtu.be/VW2FTdnvXYo)*이 제대로 업로드되었나 열어보니 잘 된다. 조회수는 한자리다. 다른 사람들 영상들 처럼 화려하고 익사이팅한 영상이 아니고 내가 보아도 밋밋한 영상이기에 잘해야 두세자리 수 조회로 그칠 것 같다. 그냥 기록용으로 삼으려 한다. 유튜브가 사라지지 않는다면 먼 훗날 우리 이쁜 손주들이 열어 보며 할아버지의 순례 행적을 음미할 것이다. 그것으로 됐다. 수백만 수천만 수억 회의 조회된 영상이 뭐 그리 대수냐. 원컨데 빠른 시일내에 스킵을 한 이탈리아 구간을 완성할 수 있기를 두손 모아 기원할 뿐이다.

로마 몇 군데

2023-08-14 월 청명함 최고:33℃ 최저:19℃ (17:59까지 보통 고온 경보) 일출몰06:16-20:12

로마*Roma*는 이탈리아 반도 중부 지역 테베레강 연안에 있는 도시로 이탈리아의 수도이자 최대 도시이며 라치오의 중심 도시이다. 과거 로마 제국의 수도로서 유럽의 중심이자 세계의 수도라고 불린 도시로 세계 역사와 문화를 논할 때 절대 빠지지 않고 거론되는 도시이다. 현재는 잘 보존된 수많은 역사 유적들로 인해 전 세계의 대표적인 관광지로 여겨지며 세계문화유산과 예술과 낭만의 중심 도시로 자리 잡았다. 세계 가톨릭 교회의 총본산 교황청의 소재지인 바티칸이 이곳에 있다. 국제법상 바티칸은 별개 국가로 취급되기는 하나 이는 세속 국가로부터 교황청의 독립성을 유지하기 위한 조치일 뿐이고 상당한 경우에 로마라는 말 그 자체가 교황 또는 교황청과 동의어로 쓰일 정도이며 역사 종교 문화적으로 법적인 로마시와는 매우 밀접한 관계이다. 흔히 로마시라면 고대 로마만을 떠올리기 때문에 간과하는 부분이지만 사실 로마시는 754년부터 1870년까지 천 년 이상 교황령이라는 신정제 국가의 수도였다. 바티칸 본토 외에도 로마 시내 군데군데에 바티칸 시국령으로 간주되는 성당들이 몇 개 있다.

(조식 기본제공) 아침 식사는 침실에 딸려 있는 근사한 주방에서 어제 장보기 한 것으로 조리를 해서 떼웠다. 사실 예약 시 안내문을 보면 조식 기본 제공이라 되어 있다. 그런데 이는 무명무실한 광고 문구 같다. 어제 주인 마담에게 물으니 1층 식당을 이용하라고 하기에 더 이상 거론을 아니했는데 숙소 앱에 나와 있는 조식 기본 제공, 석식 추가 주문 가능 등의 편의 제공 문구는 숙박객 유인용 처럼 느껴졌다. 한 끼 값이

€10정도인데 좀 거시기 했다. 숙박비를 이 만큼 깎아야 하지 않을까. 눈이 보배다. 조리하며 보니 싱크대 아래에 자동 세탁기가 있다. 건조 기능은 없는 것 같다. 어제 밤에는 눈에 뵈는 것이 없더니만. 어제 샤워하면서 정장 바지만 빨았다. 자동 세탁기가 있다는 것을 어제 발견했다면 물빨래 되는 상하 정장을 함께 다 빨 수 있었을 텐데 아쉽다. 내 코에는 냄새가 안 나지만 상의가 땀 냄새로 절여 있어 악취를 풍기고 있을 것이다. 이 상의 차림으로 비행기를 탈텐데 아마 옆자리 승객의 코가 괴로울 것 같다. 오늘은 세분수수도원, 콜로세움, 나보나광장, 스페인광장을 둘러 볼 계획이다.

세분수수도원*Tre Fontane Abbey*은 고대 비아 라우렌티나 경로에 위치한 작은 계곡인 구원의 물을 의미하는 Acqua Salvie에 있다. 서기 67년 6월 29일 이곳에서 사도 바오로가 참수 당했다. 이곳의 세 성당 중 하나인 성 바오로 순교 성당은 1599년 자코모 델라 포르타*Giacomo della Porta*가 성 바오로가 참수 당한 장소에 지었다. 전설에 따르면 그의 머리가 잘렸을 때 땅에 부딪힌 후 경사진 지형으로 인해 다른 두 지점으로 굴러갔고 기적적으로 세 곳에서 물이 솟았다고 한다. 그래서 이름이 세분수다. *(https://www.abbaziatrefontane.it/)*

콜로세움*Colosseo*은 고대 로마 시대의 건축물 가운데 하나로 로마 제국 시대에 만들어진 원형 경기장이다. 석회암, 응회암, 콘크리트 등으로 지어져 있고 5만 명 이상의 관중을 수용할 수 있었다. 콜로세움은 수 세기 동안 계속 개축되어 왔고, 로마 제국의 전성기에는 5만 명에서 8만 명의 관중들을 수용할 수 있었다. 콜로세움에서는 주로 검투사들의 결투가 이루어 졌으며, 모의 해진, 동물 사냥, 신화의 재연 등 다양한 행사들이 펼쳐졌다. 콜로세움은 지진과 약탈, 채석 같은 파괴 행위로 상당 부분이 손상을 입었다.

나보나광장*Piazza Navona*은 이탈리아 로마에 있는 광장이다. 테베레 강과 코르소 거리 사이에 위치해 있다. 나보나 광장에는 바로크풍의 분수가 셋 있는데, 그 중에서 제일 유명한 것이 광장 가운데 자리 잡은 4대 강 분수*Fontana dei Quattro Fiumi*로서 잔 로렌초 베르니니가 설계한 것이다. 네 사람의 비유적 형상은 나일강, 갠지스강, 다뉴브강, 라플라타강을 상징적으로 나타내고 있다.

스페인광장*Piazza di Spagna*은 이탈리아 로마에 있는 광장으로, 스페인 대사관이 있어 스페인 광장이라 불린다. 스페인 광장에는 트리니타 데이 몬티 성당으로 이어지는 트리니타 데이 몬티 계단(스페인 계단)이 있다.

(세분수수도원으로) 폴딩백 차림으로 긴 계단길을 내려서 숙소를 빠져 나왔다. 골목길은 아직 한가한 채 청소차만 제일을 열심히 하고 있다. 세분수교회는 로마 외곽에 택시로 20~30분 거리에 위치해 있다. 택시를 어디서 타느냐 이것이 문제로다. 대광장 인포쪽으로 걸었다. 빈 택시가 비상등을 켜며 접근하여 손 든 사람들을 태우고 사라진다. 몇 대가 또 그처럼 사라진다. 뒤이어 빈 택시가 정차하기에 나도 손을 들고 세분수교회를 가자고 하자 뭐라고 묻는 것 같다. 가만히 보니 예약했냐는 물음이다. 아니라고 하자 예약을 하라면서 빈 차로 그냥 사라진다. 우버UT앱을 열었다. 잘 되려나. 한국에서 우버앱을 깔고 왔지만 오늘 이처럼 처음 사용하게 되었다. 앱에서 아이콘을 몇 번 눌렀다. *itTaxi*사 택시 배차 완료. 2~3분 정도후 차가 도착한다. 번호판을 확인하니 내 차가 맞다. 우잉 뭐야 다인승 봉고차다. 일반 택시, 다인승 택시 등이 있는데 내가 잘 못 선택한 것 같다. 기사가 타란다. 물릴 수도 없고 타고 가는 수 밖에. 붐비는 시내를 빠져나가 한가한 외곽 길을 달려 세분수수도원에 잘 도착하였다. 요금(€25.00)은 자

세분수 수도원 정문

사도 바오로 지하 감옥

로마 몇 군데

동 결재.

입구 부터 조용하다. 떠들지 말고 조용하게 경건하게 둘러 보라는 안내문이 보인다. 회랑*Arch of Charlemagne* 같은 긴 소로가 격조있는 한아름 드리 가로수들을 옆에 끼고 길게 이어지고 있다. 가장 앞쪽에 위치한 성 빈첸시오 아나스타시우스 성당*Chiesa dei SS. Vincenzo e Anastasio*에 입장하였다. 본당이다. 보조등만 켜져 있고 성도석 접의자가 줄을 맞추어 놓여져 있다. 강대*Pulpito* 앞쪽으로 한 성도가 혼자 기도하고 있다. 아까 주차장에 승용차를 세우고 바삐 들어가던 그 사람 같다. 특히 나홀로 기도하는 모습을 볼 때면 신심이 솟아나곤 한다. 기도는 골방에서 나혼자 하라고 가르치고 있다.

성당을 나와 오른편에 위치한 산타 마리아 스칼라 첼리 성당*Chiesa S. Maria Scala Coeli*으로 걸음을 옮겼다. 짧은 계단으로 올라서야 한다. 두 여인이 돌계단 옆 화단 턱에 앉아 이야기를 나누고 있다. 눈이 마주쳤건만 그냥 밋밋하게 지나쳤다. 본당이다. 강대가 두군데 인가. 성도석의 의자 배열이 이쪽 저쪽 각각 방향을 달리하고 있다. 본당 안을 나홀로 거닐었다. 성당 밖으로 나오려다 왼쪽 강대 방향에서 지하로 내려가는 작은 계단 통로를 발견했다. 한번 내려가 보자. 사도 바오로가 두번째로 갇혀 지냈던 바로 그 지하 감옥이다. 다른 곳으로 어서 이동해야 한다는 조급함으로 인해 이곳을 그냥 지나칠 뻔했다. 동전 한잎(€1)을 헌금함 속에 넣고 촛불 경배를 하였다. 한참을 묵도하며 서 있었다. 다른 쪽 계단을 통해 본당으로 올라섰다. 머리통을 부딪치지 않게 약간 숙여야 할 것 같다. 오른 쪽 강대 방향으로 이어진다. 아하 지하 감옥의 양쪽 계단 방향으로 각각 강대를 설치해 놓은 것 같다. 성당 밖으로 나오려다 발걸음을 돌려 다시 지하 감옥으로 내려 갔다. 다시 잠시 머물었다. 아까 경배드린 촛불이 나홀로 찬연하게 빛을 발하고 있다. 동전 한잎(€1)을 헌금함 속에 넣고 집으로 가져갈 경배용 촛불을 하나 챙겼다. 성당을 나와 안쪽에 위치한 세번째 성당인 성 바오로 순교 성당을 향했다. 입구에 팻말이 놓여 있다. 수녀 한 분이 봉 걸레로 입구를 청소하면서 10분 더 기다려 달란다. 이런 주책없이 너무 일찍 방문한 것 같다. 옆 건물이 기념품 판매 가게다. 가게 안은 아직 손님들은 없고 주인장 혼자서 가게를 지키고 있다. 기념품 몇 점(€145)을 샀다.

성 바오로 순교 성당Chiesa del martirio di S.Paolo에 입장하였다. 아이들을 대동한 한 가족이 먼저 입장해 둘러보고 있다. 잠시 묵도하였다. 강대나 성도석은 별도로 만들어 놓지 아니했다. 벽면, 바닥, 천장을 이리저리 살피며 잠시 머물었다. 1분짜리 영상을 세개 만들어 유튜브에 업로드하였다. ①*https://youtube.com/shorts/biN16J8gKT0?feature=share* ②*https://youtube.com/shorts/dKSDoju3pZM?feature=share* ③*https://youtube.com/shorts/Q68PU4vxYzE?feature=share*

세분수수도원을 뒤로 하고 정문으로 걸어 나왔다. 정문에는 상하 검은 색 복장을 한 가녀린 여인이 웅크리고 앉은 채 두손을 받들어 내밀며 한 푼 달라고 구걸을 하고 있다. 몇몇 사람들이 입장을 하건만 그 여인에게 눈길 한 번 안 주고 지나친다. 나하고 눈이 마주쳤다. 그냥 고개를 돌려 외면하였다. 그러나 그 여인은 나를 쳐다보며 두 손을 내밀며 계속 뭐라고 말을 해댄다. 힘다구리가 없어 보인다. 아침 밥은 먹었을까. 우버 택시를 콜했다. 행선지는 콜로세움까지. 배차 완료 및 픽업 도착 예정 시간이 화면에 떴다. 그 여인의 말소리가 끊어졌길래 슬쩍 돌아 보았다. 그 여인도 고개를 들고 나를 슬쩍 바라본다. 여인에게 오라고 손짓을 하였다. €10짜리 지폐 한장을 건네 주었다. 좀 더 줄걸 그랬나 모르겠다. 우버 택시가 도착하였다. 20여분을 달려 콜로세움에 도착하였다. 요금(€35.00)은 자동 결제.

(콜로세움에서) 콜로세움 앞 언덕에 위치한 식당에서 허기진 배를 채웠다. 스파게티, 레몬차 및 아구아(€29.00)를 주문하

였다. 콜로세움을 에워싸듯 사방팔방에서 인파 말그대로 사람 파도가 밀려들어 오고 있다. 여기저기서 나타난 소규모 단위 투어단들이 동일한 색깔의 조끼를 입고 가이드 뒤를 따르고 있다. 콜로세움은 현재 복원 보수 공사 중이다. 아시바가 벽면을 따라 길게 가설되어 있다. 아마 우리 세대는 물론 다음 세대까지 이 공사는 언제 끝날지 모를 것 같다. 모두들 뙤약볕 속에서 고생들 한다. 식사를 마치고 계단을 내려서서 콜로세움 외곽을 한 바퀴 두 바퀴 돌았다. 인파에 치어서 걷기가 힘들다. 입장권 구매 줄이 길게 늘어서 있다. 그줄은 모퉁이를 돌아 이어져서 끝이 안 보인다. 화장실은 유료(€1.00)이다. 돈 받는 사람이 지키고 있다. 경비들은 출구 쪽으로 무단 입장을 하여 볼 일을 본다. 경비들의 복장은 거총 자세의 군복 차림이다. 식수대에서 무료로 물병에 물을 보충할 수 있다. 그늘이 없는 화단 경계석 위에 엉덩이를 대고 좀 앉았다. 하품도 나오고 눈꺼풀도 좀 무겁다. 콜로세움 울타리 안쪽을 들여다 보니 입장객들이 안에서 조차 길게 줄을 서서 입장 순서를 기다리고 있다. 콜로세움도 직접 눈으로 보고 세계 각지에서 온 인간들 모습도 참 재미있게 구경을 하였다. 두 눈만 보이고 몸 전체를 검은 천으로 두른 히잡 차림의 아기 엄마가 아기 손을 잡고 다른 손엔 기저귀 가방을 든 채 유모차를 밀고 가는 남편 뒤를 따른다. 남편은 간편한 평상복 차림이다. 오전 시간을 이처럼 두리번 거리며 보냈다. 잠시 눈을 감고 멍때리기를 하였다. 1분짜리 영상을 4개 만들어 유튜브에 업로드 하였다. ①*https://youtube.com/shorts/tBque6CyKwQ?feature=share* ② *https://youtube.com/shorts/_Dvafh61dOU?feature=share* ③*https://youtube.com/shorts/x4R4vCojFdE?feature=share* ④*https://youtube.com/shorts/LwunM_1j6bI?feature=share*

다음 행선지 나보나광장으로 이동을 하기 위해 우버 택시를 콜했다. 에러 메세지가 뜨고 콜이 안된다. 수회를 시도를 했으나 콜이 안된다. 처음에는 배차 차량이 없다라고 메세지가 뜨더니 나중에는 신용카드가 사용거부되었단다. 본폰에

콜로세움 *Colosseo*

나보나광장 *Piazza Navona*

스페인광장 *Piazza di Spagna*

로마 몇 군데

부재중 한국발 발신번호가 있기에 전화를 하였다. 신용카드사에서 온 전화였다. 갤럭시를 본폰으로 아이폰을 서브폰으로 사용중이다. 본폰은 한국 전화번호 그대로 서브폰에는 유럽유심을 심어 영국전화번호를 사용중이다. 신용카드 회사 직원이 응대를 하였다. 오전에 우버 택시 요금을 신용카드로 2회 결재했는데 지금 세번째 사용하려니 갑자기 사용 거부되었다라고 하자 우버 택시 서버에서 자동으로 그리된 것 같다며 우버 택시에서 거부시킨 것을 다시 해제 했으니 이제 신용카드 사용에 문제 없을 것이라고 한다. 전화를 끊고 다시 우버 택시를 콜했으나 웬걸 역시 전과 동일한 에러 문자가 뜬다. 이제는 아침 나절 2회 결재분의 취소 메세지까지 뜬다 다시 승인 메세지 다시 취소 메세지를 반복한다. 어찌 이런 일이. 일단 점심을 이곳에서 하고 다음 행선지로 가는 것으로 하였다. 노변 식탁에는 사람 앉을 자리가 없다. 실내로 들어가 스테이크, 스파게티, 레몬차 및 아구아(€47.22)를 주문하였다. 젊은 종업원이 한국말로 인사를 한다. 어느나라 사람인지를 묻지 않은 채 그냥 안녕하세요 한다. 상의 깃 및 모자 띠에 달고 다니는 태극기 배지를 알아본 것 같다. 배지를 떼어서 주려고 했더니 사양한다. 스테이크를 미디엄으로 주문했는데 너무 구워진 것 같다. 식감이 영 아니다. 레어로 할 걸 그랬나. 육식은 잘 안 먹는데도 모처럼 이탈리아 스테이크를 맛보려 했는데 그저 그래서 참 아쉬웠다. 계산하면서 팁을 줄까요 하니 괜찮다고 했다. 스페인에서도 그랬지만 이 나라에서도 팁이라고 불쑥 내밀면 안 받겠다고 거절당해 내가 더 당황한 적이 있었다. 그래서 오늘도 물어 봤던 것이다.

　식사를 마치고 우버택시 콜을 시도했으나 안된다. 다시 한국 신용카드사로 전화해서 우버 택시 콜이 계속 거부당하고 있다라고 이야기하자 안내 직원은 카드사용이 가능하도록 조치했기에 문제는 우버 택시 서버가 제대로 작동하도록 해야 한다는 것이다. 맞는 말이다. 식당에서 카드사용을 했기에 해외 카드사용은 문제가 없다. 문제는 우버 택시 서버다. 카드 사용 고객을 보호하려는 강력한 조치로 생각하며 위안으로 삼았다. 사람들 내리는 택시로 달려가서 행선지 나보나광장를 외쳤다. 강남에서 심야 시간에 우리집 따블하고 소리치며 지나가는 택시 잡는 모습들이 연상되어 웃음이 나왔다. 세계 공통적인 것이 여기서도 일어나네. 몇 몇 택시는 고개를 흔들며 그냥 떠났으나 이네 한 택시에 탑승할 수 있었다. 덥지 않은 날씨라면 걸어서도 갈 수 있으련만. 여행은 발품으로 해야지 더 많은 것을 더 자세히 볼 수 있지 않은가. 광장에 도착하였다. 요금은 현찰(€10)로 하였다. 은발 머리의 노기사가 동전 몇 닢을 거스름 돈으로 주려하기에 팁하라하며 그냥 내렸다. 고맙다며 인사한다.

신용카드 사용과 관련해서 이야기인데 이 나라의 경우는 굳이 현찰로 환전해서 갈 필요가 없다. 시골 마을 마트나 구멍 가게에서도 신용카드로 계산이 가능하다. 환전한 현찰을 팬티 속 비밀주머니에 넣는다 전대에다 넣는다 혁대 안쪽 자크 달린 틈새에다 쑤셔 넣는다 하는데 굳이 그럴 필요 없다. 추정 소요경비 전액을 환전해 갔으나 너댓번 소액으로 현찰을 썼을 뿐 거의 신용카드로 계산하였다. 환전 액수를 거의 사용하지 않고 그대로 가지고 왔다. 괜히 사고 팔고 환전 수수료만 2중 부담하였다. 소문만 듣고 소매치기에 너무 과민 반응하면 즐거운 여행만 망친다. 사람 붐비는 곳에는 특히 돈 쓰러온 관광객이 많은 곳은 어느 나라나 소매치기나 바가지 요금 및 날강도는 있기 마련이다. 평상 때보다 조금 더 주의를 하면 될 일이다. 적어도 내가 순례중 마주쳤던 이탈리아 사람들은 우리나라 사람 만큼 순박하고 정많은 사람들이었다.

나보나 광장에는 분수가 세개가 있다. 그러나 사람들이 한 분수에만 집중해 있다. 세 분수가 크기가 좀 다를 뿐 별 차이는 없어 보이는데. 성당*Santa'Agnese in Agone* 바로 앞이라서 그런가. 1분 짜리 영상을 4개 만들어 유튜브에 업로드 했다. ①*https://youtube.com/shorts/LAdFyCioENY?feature=share* ②*https://youtube.com/shorts/uGd5XFrlfvQ?feature=share* ③*https://youtube.com/shorts/tMvyNKdVrAc?feature=share* ④*https://youtube.com/shorts/VeUwlkE2Pyw?feature=share* 잠시 머물다 검색을 해보니 판테온*Pantheon*신전이 5분 거리에 있다. 걸어서 갔다. 적지 않은 광장이 인파로 뒤덮여 있다. 1분 짜리 영상을 만들어 유튜브에 업로드하였다. *https://youtube.com/shorts/DahNntphXtk?feature=share* 잠시 머물다 택시 하차장으로 이동하였다. 딱히 하차장이 있는 것은 아니고 사람들을 많이 하차시키는 장소이다. 방금 도착하여 사람을 부리는 택시로 다가가 행선지를 외치자 기사가 타란다. 스페인 광장으로 향했다. 요금(€10)을 현찰로 지불하였다. 거스름 돈 몇푼은 그냥 팁으로. 이 광장 분수대에도 많은 인파가 몰려 있다. 남녀 경찰들이 함께 섞여 있다. 불미스런 사건들을 미연에 예방하는 효과가 있을 것으로 생각된다. 긴 계단을 왕복하여 언덕배기 성당 *Trinita dei Monti*을 둘러 보았다. 문이 굳게 닫혀 있어 안으로 들어 갈 수가 없었다. 다시 계단을 내려오면서 영화 '로마의 휴일'의 한 장면이 떠올랐다. 1분 짜리 영상을 4개 만들어 유튜브에 업로드 했다. ①*https://youtube.com/shorts/27gyadv1384?feature=share* ②*https://youtube.com/shorts/45Lg6zZnC2Q?feature=share* ③*https://youtube.com/shorts/lDC4txOMfNM?feature=share* ④*https://youtube.com/shorts/FbTEjjrsZao?feature=share* 빈 택시를 잡아 타고 성베드로 광장으로 향했다. 택시 기사가 중년 여성분이다. 광장 인근에서 하차하였다. 요금(€10)은 현찰로 지급하였다. 약간의 거스름 돈은 팁. 고맙다는 인사를 받았다. 근처 아이스크림 전문점에 들려 딸기 크림(€9.36)을 하나 먹었다. 성베드로 광장을 한번 둘러 보고 숙소로 돌아왔다. 1층 식당 앞을 지나 올라 오는데 먹음직스러운 음식들이 진열되어 있었건만 점심 때 스테이크로 배를 채워서 그런지 식욕이 동하지 아니했다. 가지고 있는 행동식 등 음식류가 한 끼니로도 충분하여 저녁은 이것으로 떼웠다. 오늘 올린 영상들을 쭉 한번 일별하였다. 실시간 업로드를 고집하다보니 좀 매끄럽지 못하다. 그런들 어떠하리 저런들 어떠하리. 그래 이것으로 되었다. 아내는 코 잘까. 한국은 자정을 넘긴 시간이다. 아내에게 전화를 할까 말까 하는데 딸아이의 안부 문자가 와 있었다. 정작 본폰을 별로 안 들여다 보기에 이제사 확인하였다. 딸아이의 신속한 처리로 몇일 당겨진 귀국 항공편을 쉽게 바꿀 수 있었다. 내일은 트레비 분수 및 이탈리아 명문대학교 한 곳을 방문하고 공항으로 간다고 답을 보냈다. 트래비 분수는 영화 로마의 휴일에 나오는 인상적인 장소이다. 나는 학창시절 영화광이 되었던 고등학생 때부터 로마의 휴일 영화를 참으로 여러번 반복해서 보곤 하였다. 이 영화의 여주인공인 오드리 헵번은 배우 생활을 마치고 아프리카 오지에서 남은 여생을 참으로 아름다운 삶으로 마무리하였다. 순례 마지막 밤입니다. 이 죄 많은 중생의 삶도 아름다운 삶으로 마무리하게 도와주시기를 두손 모아 축원하며 기도합니다.

2023-08-15일 화 날씨 개황은 14일과 비슷

오늘은 집에 가는 날이다. 집이 그립다. 집에 어서 가자. 여장을 챙기고 방 키를 꽂아 놓은 채 숙소를 빠져 나왔다. 오늘은 트레비분수*Fontana trevi* 및 로마 라 사피엔자 대학교*Sapienza Università di Roma*를 둘러보고 로마 피우미치노 공항으로 이동하려고 한다.

트레비 분수*Fontana di Trevi*는 로마에 있는 분수이다. 이탈리아의 건축가 니콜라 살비에 의해 지어졌고 높이는 26.3m 너비는 49.15m이다. 로마에 있는 바로크 양식의 분수 중 가장 큰 규모를 자랑하며 세계적으로도 매우 유명한 분수이다. 로마의 휴일과 같은 영화에도 다수 출연하며 로마의 랜드마크 중 하나가 되었다.

로마 라 사피엔차 대학교*Sapienza Università di Roma*는 이탈리아 라치오 주의 재정 지원을 받는 로마에 위치한 3개의 대학 중 가장 오래되었다. 2008년 기준 140,000명의 학생들이 재학 중이며 유럽에서 가장 많은 학생들이 다니는 대학이자 세계에서는 두 번째이다. 특히 고고학 전공은 2023 QS 세계 대학 평가 기준 10위일 정도로 높은 순위에 랭크되어 있는데 이는 유적과 유물을 발굴함으로써 연구가 이루어지는 고고학 특성상 로마 현지에 위치한 로마 사피엔차 대학교가 고대 로마에 대한 고고학을 연구하기 아주 좋은 환경이기에 학교가 설립된 이후 수많은 고대 로마 고고학 연구들이 이루어져 왔기 때문이다.

오늘은 우버 택시앱이 잘 가동된다. 택시를 콜하여 트레비 분수로 향했다. 요금(€14.00)은 자동결재. 인파가 벌떼 처럼 몰려있다. 분수대가 안 보일 정도다. 분수대에서 솟아 오르는 물소리보다 사람들의 웅성임 소리가 더 큰 것 같다. 조각 작품들을 꼼꼼이 더듬어 보고자 했지만 집중이 안된다. 사진 찍기 바쁘고 포즈 취하기 바쁘고 셀카 찍기 바쁘고 여러가지 바쁘게들 모여 있다. 나도 덩달아 바쁘다. 1분 짜리 영상을 6개 만들어 유튜브에 업로드 하였다. ①*https://youtube.com/shorts/oaXx_ZlBSIM?feature=share* ②*https://youtube.com/shorts/MEXuFqhK4is?feature=share* ③*https://youtube.com/shorts/gOp3jsoW5rU?feature=share* ④*https://youtube.com/shorts/YuOyBhUoXL8?feature=share* ⑤*https://youtube.com/shorts/L14df4ZcOyI?feature=share* ⑥*https://youtube.com/shorts/WBdKjUKdiwo?feature=share* 인근 식당에서 스파게티(€19.50)로 점심을 하였다. 옆 식탁에 젊은 커플 여행자들이 시켜 먹고 있는 쌀이 들어간 음식이 참 먹음직스럽다. 남의 떡이 더 커 보인다더니만 이를 두고 하는 말 같다. 사전

트레비 분수 *Fontana di Trevi*

로마 라 사피엔차 대학교 *Sapienza Università di Roma*

로마에서의 마지막 식사

로마 몇 군데

에 음식 메뉴 공부를 좀 더 하고 왔더라면 저리 맛있는 음식을 골라서 주문했으련만. 70세가 넘어보이는 노부인 종업원에게 메뉴판을 가지고 오라고 하여 이름 *Risotto Marinara*을 확인하였다.

　골목길보다는 좀더 넓어보이는 안길을 걸었다. 관광객들로 와자지껄하다. 화장품점 패션용품점 기념품점 음식점 등이 안길 도로 양쪽으로 길게 도열해 있다. 언제라도 관광객들의 호주머니를 후빌 듯한 모습들이다. 굶주린 사자가 먹잇감을 노리듯이. 거리의 화가들이 관광객들의 초상화를 그리느라 열심이다. 잠시 서서 구경하였다. 이곳 거리의 화가들에게 아내와 같이 나오게 초상화를 그리게 하려고 그간 벼려 왔었는데 아쉽다. 택시를 잡으러 택시 하차장으로 이동하였다. 우버 택시를 콜하였다. 참으로 정확하고 신속하게 배차 완료 및 도착 예정 시간 장소를 화면에 띄워준다. 이내 도착한 택시에 승차하여 로마 라 사피엔차 대학교를 향했다. 대학교 캠퍼스로 이어지는 길은 차량이 가끔 지나다니고 사람들 통행도 뜸하다. 정문 앞에 하차하였다. 요금(€14)은 자동 결재.

　캠퍼스 출입문이 굳게 닫혀 있다. 차량 출입문 사람 출입문이 병풍처럼 길게 육상 트랙 기럭지 만큼 늘어져 있으나 개미 새끼 한마리 들어 갈 수가 없구나. 그래 여름 방학이 아직 안 끝나서 그럴까. 그늘을 만들어 줄 나무 한 그루 없이 뙤약볕이 쏟아지는 출입문 철책 주변을 어슬렁거리며 왔다리 갔다리 하면서 캠퍼스 안쪽을 향해 기웃거렸다. 이처럼 방학 때는 일반 방문객은 물론 학생들 조차 출입을 못하게 문을 꽁꽁 걸어 잠그는 것이 전통인가. 도서관도 문을 닫는다는 이야기 아닌가. 햇볕이 이글이글 거린다. 이 열기로 생 달걀 후라이가 될까. 냉방비 절약 차원에서 이 더위에는 도서관도 폐쇄를 하는 것일까. 화단 난간에 엉덩이를 올려 놓고 비스킷을 몇 조각 아삭아삭 씹어 먹으며 잡생각을 해보았다. 발길을 돌려 로마역 *Roma Termini*을 향했다. 검색을 하니 로마역은 이곳에서 도보로 30분 정도 거리에 위치해 있다. 택시를 콜하지 말고 걸어보자.

인적이 거의 없는 한산한 거리를 걸었다. 구글 지도가 참 친절하게 안내한다. 형용사 수식어까지 써 가면서. 약간 좌회전 하세요 조금 가서 우회전 하세요 하고. 하품하며 무료하게 터벅터벅 걷는데 대학교 근처에서부터 앞서 걷고 있는 친구 사이인 듯한 두 남녀 학생의 모습들이 크로즈업 되어 눈에 잡힌다. 건널목에 이르자 빨간 신호등인데도 불구하고 남학생은 지체 없이 건넌다. 여학생은 빨간 신호등을 보고 멈추어 선다. 남학생이 뒤돌아 와서 여학생 손을 잡으며 건너자고 한다. 마침 지나는 차량들이 한 대도 없었다. 여학생은 고개를 흔들며 잡힌 손을 풀며 움직이지 않는다. 남학생은 혼자서 건넌다. 잠시후 파란 신호등으로 바뀌자 그 여학생은 그제사 건널목을 건넌다. 건너편에서 기다리던 남학생은 다시 아까 처럼 여학생과 어깨를 나란히 한 채 함께 로마역 방향으로 걸어간다. 이 여학생 제대로 컸구나 기본을 제대로 배웠구나라는 생각을 하게 되었다. 예외 없는 원칙은 없다 라는 말이 있다. '기본적으로는 안 되는데요 이번만 특별히 예외적으로 해드릴께요' 하는 상황을 경험하면서 우리는 살아간다. 이말에 중독이 되어서는 안된다. 안된다는 대답을 들으면 과감히 뒤돌아서서 그냥 나와 버리자. 비굴하게 예외를 기대하지 말자. 기본에 충일하지 않은 자는 예외를 논할 자격이 없다. 예외가 기본이 되고 기본이 예외가 되고 있기에 이 사회는 특권이 판치고 예외적인 인간들이 흘러 넘쳐 이 사회의 정正을 흐리게 하고 있다. 원칙을 존중하자. 기본을 잘 지키자. 로마에서의 기억 중 콜로세움을 기억하듯 이 두 젊은 남녀 학생들의 상황극 같은 장면이 오래 기억될 것 같다.

(화장실에 대해 한번 더) 로마역 근처 슈퍼마켓에서 복숭아 바나나 및 아구아(€5.28)를 샀다. 길거리 좌판대에서 우리 이

쁜 손주들 줄 기념품(€10)을 샀다. 로마역은 오늘도 운동장처럼 드넓은 역 대합실은 활력이 넘치고 있다. 어디론가 떠나는 사람들. 어디선가 오는 사람들. 그들을 배웅하는 사람들. 그들을 환영하는 사람들. 이것이 바로 인절미 같이 찰지고 향기로운 레몬차 같은 삶의 내음이 넘치는 현장이 아니 겠는가. 화장실이 지하 1층에 있다. 안내판도 손바닥 크기 정도라 눈을 부릅뜨고 두리번 거려야 눈에 잡힌다. 사용료(€1)를 구멍에 넣어야 화장실 검색대를 통과할 수 있다. 우리네 처럼 사람 눈에 잘 띄는 곳에다 안내 표지판도 대문짝만하게 만들면 어디가 덧나 아니면 위생적으로 문제가 있는가. 여하튼 이 나라의 화장실 서비스는 영 마음에 안든다. 우리네는 수십년 부터 화장실을 내 안방 처럼 만들기 운동을 전개해 오고 있다. 예컨데 수원시의 화장실 문화는 외국에서 시찰을 오고 있을 정도로 잘 발전 관리되고 있다. 여행이 세계화되고 있는 차제에 이런 화장실 문화가 한국의 새로운 문화로 자리매김 했으면 참 좋겠다. 사실 우리네는 요강이 있었다. 내 어린 시절 안방 머리 맡에는 요강이 있어서 밤새 오줌과 똥은 이 요강으로 해결을 했다. 즉 요강의 위치는 안방이었다. 화장실을 안방 처럼 만들기 운동은 말인즉슨 이 요강 문화를 업그레이드 선진화시키는 운동인 것이다. 지금 우리나라 화장실 문화는 지금 정도만 해도 아마도 OECD 및 세계 최고 수준일 것이다. 인간들의 삶의 근간은 잘 먹고 편하게 잘 싸는 것 아니겠는가.

(로마역에서 공항가는 기차 티켓) 역사내에 있는 무인 자동 매표기는 노선별로 구분되어 있다. 자칫 초행자는 헷갈리기 십상이다. 내 앞에 나타난 매표기에서는 한국 신용카드는 사용할 수 없었다. 현찰*Cash*(€19.50)로 구매할 수 있었다. 신용카드를 삽입하면 화면이 바뀌면서 4자리의 PIN번호를 입력하라고 요구한다. 우리나라 신용카드의 PIN번호는 3자리 아니

던가. 몇 년 전 스페인 렌페*Refe*열차에서는 PIN번호 3자리를 입력한바 있는데 이탈리아 열차는 안되는 모양이다. 다른 매표기는 되는지 모르겠다. 인터넷 구매는 당일은 안된다 항상 하루전. 출국전 이탈리아 PIN 건을 인지하고 이탈리아 대사관에 가서 PIN번호 4자리를 하나 발급받으려 했는데 두달여 일정이 대폭 줄어들고 하여 그냥 포기한 바 있는데 장기간 체류할 요량이면 PIN번호 4자리를 받아가면 여러가지 유용하단다.

(공항에서) 공항 식당에서 피자*Padellino Margheritta*(€10)를 사 먹었다. 맛집이다. 한 판이 한 사람이 먹기 적당한 양이다. 우리네 한 판은 보통 아내와 먹으면 두세 끼를 먹게 되는데. 피자가 우리나라에 상륙한 때가 1970년대초 무렵이었던 것으로 기억된다. 명동 국립극장 옆길 맞은 편에 우리나라에 최초로 피자 전문 1호점이 문을 열었었다. 고등학교 2학년 때 친구랑 둘이서 화동에서 거기까지 걸어가서 먹었던 기억이 난다. 친구의 형이 마도로스였는데 항해 생활을 하던 중 알게 된 음식을 동생에게도 먹게 했던 모양이다. 이를 계기로 나도 마도로스되려고 부산에 있는 해양대를 기웃거렸었는데 다 옛이야기가 되었구나. 식탁이 만석이다. 옆 식탁에서는 모델들은 저리가라 할 정도의 미인인 아기 엄마가 딸아이에게 한 숟가락 한 숟가락씩 밥을 떠 먹이고 있다. 자기 밥에는 손을 대지도 않은 채. 맞은 편에 앉은 아기 아빠는 며칠을 굶었는지 폭풍 흡식 중이다. 이런 광경도 우리네나 여기나 세계 공통적 모습이다. 참 아름답고 정겨운 모습들이다.

　화장실을 들린 후 출국 게이트로 향했다. 공항 화장실은 무료이고 청결하게 관리되고 있었다. 항공편을 변경하면서 좌석 배정까지 했어야 했는데 그러지를 못했다. 별도로 화물칸에 맡길 소화물도 없고 기내 반입이 되는 소형 배낭 차림이기에 굳이 체크인 데스크에 들릴 필요가 없었는데 좌석 배정을 받아야 하기에 짐 붙이는 탑승객들 틈에 끼어 길게 줄을 서서 오랜 시간을 대기해야 했다. 좌석 배정은 3인석 중 통로 쪽으로 선택하였다. 직원이 물었었다 창 쪽 혹은 통로 쪽 어디가 좋은지. 탑승 후 착석을 한 연후에야 알았지만 창 쪽 옆 두 좌석이 비었었다. 앞 뒤 주위를 둘러 보니 빈 좌석들은 내 옆이 유일했었다. 사실 비행기 좌석은 좌우보다는 앞뒤 공간이 여유로와야 좀 더 편한 비행이 된다.

게이트 오픈 때까지 시간이 꽤 남았다. 게이트 앞으로 너무 일찍 왔나. 항상 시작 30분전을 고수하는 것을 원칙으로 삼으며 살라고 노력해 왔다. 정시간 임박해서 허겁지겁 똥줄 빠지게 참석하는 습관 약속 시간을 넘겨 남을 기다리게 하는 습관 등 이런 불편한 행위들에 익숙해지면 어느덧 그들은 오늘 할 일을 내일로 미루는 습관으로 길들여지고 결국은 그 할 일을 안하게 되는 것 같다. 탑승 게이트 의자에 앉아 하품을 하며 거슴츠레 뜬 눈으로 시간을 보냈다. 게이트 앞 홀에 넓은 공간을 할애하여 유아용 놀이터를 만들어 놓았다. 미끄럼틀, 정글 그물망, 징검다리 건너뛰기 등 참으로 다양하게도 해 놓았다. 후세대를 저리 배려하는 마음 씀씀이가 참으로 부럽다. 흔히들 역사와 전통을 자랑한다는 이야기들을 했었는데 바로 이를 두고 하는 말 같다. 이런 시설은 공항에 있는 관계로 내국인 아이들보다 외국인 아이들이 더 이용 빈도가 높지 않겠는가. 먼길 여독으로 엄마 아빠 할머니 할아버지들은 기력이 고갈되어 의자에 퍼져 있건만 이들 아이들은 힘이 넘친다. 파워풀 하게 잘들 논다. 이들 끼리도 오늘 초면일 것이건만 오랜 동네 친구들처럼 잘 어울리고 있다. 그래 커서도 그리들 잘 지내거라 그것이 세계 평화 인류 공영 아니겠는가. 집에 가는 비행기는 8월 15일 화 21:25 로마 피우미치노 공항을 이륙하여 중간 경유지 없이 직항으로 비행시간 11시간 5분 걸려 8월 16일 수 15:30에 인천 공항에 도착하였다. 공항 리무진 버스로 집을 향했다. 집에 17:48 도착하였다. 아내가 무슨 큰 벼슬길 다녀오는 서방님 맞이하듯 열렬히 환영하였다. 뭐 이렇게 까지. 역시 집이 좋구나. 우리나라 좋은 나라 우리 집 좋은 집.

나는
그 길을 걸었다
그 길을 씩씩하게 걸었다
그 길을 무럭무럭 걸었다
그 길을 뚜벅뚜벅 걸었다
그 길을 저벅저벅 걸었다
그 길을 엉금엉금 걸었다
그 길을 사뿐사뿐 걸었다
그 길을 아장아장 걸었다
그 길을 구름타고 걸었다
그 길을 바람처럼 걸었다
그 길을 그와 함께 걸었다

나는
그 길을 걸었다
그 길에는 사랑이 있었다
그 길에는 슬픔이 있었다
그 길에는 평화가 있었다
그 길에는 행복이 있었다
그 길에는 망설임이 있었다
그 길에는 기다림이 있었다
그 길에는 그리움이 있었다
그 길에는 반가움이 있었다
그 길에는 기쁨이 있었다
그 길에는 그대의 속삭임이 있었다

나는
그 길을 걸었다
그 길에서 기도하였다
그 길에서 찬양하였다
그 길에서 축원하였다
그 길에서 웃었다
그 길에서 울었다
그 길에서 노래하였다
그 길에서 춤추었다
그 길에서 그대를 불렀다

나는
그 길을 걸었다
하늘이 다가왔다
천사가 다가왔다
사탄이 다가왔다
악마가 다가왔다
구도자가 다가왔다
전도자가 다가왔다
구르가 다가왔다
그대가 다가왔다

아름다운 삶을 축원하며
그 크신 은혜에 경배드리며

마지막 페이지